GRUNDLAGEN UND GEDANKEN

Drama

Henrik Ibsen

NORA ODER EIN PUPPENHEIM

von Dieter Bänsch

VERLAG MORITZ DIESTERWEG
Frankfurt am Main

Die Reihe wird herausgegeben von Hans-Gert Roloff.

ISBN 3-425-06066-X

2. Auflage 1998

© 1998 Verlag Moritz Diesterweg GmbH & Co., Frankfurt am Main.
Alle Rechte vorbehalten. Das Werk und seine Teile sind urheberrechtlich geschützt.
Jede Verwertung in anderen als den gesetzlich zugelassenen Fällen
bedarf deshalb der vorherigen schriftlichen Einwilligung des Verlags.

Umschlaggestaltung: Verlag Moritz Diesterweg GmbH & Co., Frankfurt
Gesamtherstellung: Westermann Braunschweig

Printed in Germany

Inhalt

1	*Allgemeine Grundlagen*	5
1.1	Die skandinavische Moderne	5
1.2	Anstöße aus Biografie und Gesellschaftsgeschichte	7
1.3	Entstehung	12
2	*Der Text. Beschreibung, Untersuchung, Kommentar*	21
2.1	Das Ensemble der Personen und das Verfahren der retrospektiven Analyse	21
2.2	Bühne und Bühnenanweisungen	32
2.3	Handlung. Wort- und Sacherklärungen	37
2.4	Der geänderte Schluss	46
3	*Probleme und Perspektiven*	48
3.1	Noras Wandlung	48
3.2	Die Funktion der Tarantella	50
3.3	Nora und die Frauenbewegung	54
4	*Zur Wirkungsgeschichte*	58
4.1	Die Übersetzungen	58
4.2	Zur Aufführungsgeschichte	61
4.3	Literarische Fortschreibungen; Nora in Film und Comic	75
5	*Anhang*	90
5.1	Verzeichnis der Übersetzungen	90
5.2	Verzeichnis der Verfilmungen	90
5.3	Aufführungen in der Bundesrepublik seit 1945 (Auswahl)	91
5.4	Rezensionen 1880 bis 1909 (Auswahl)	93
5.5	Auswahlbibliografie	94

(Zeichnung von Olaf Gulbransson)

1 Allgemeine Grundlagen

1.1 Die skandinavische Moderne

Zweimal hat skandinavisches Theater für die deutsche Bühne Bedeutung erlangt. Das erste Mal vor der Mitte des 18. Jahrhunderts durch die Komödien Ludvig Holbergs, eines gebürtigen Norwegers, der seine Stücke als Professor der Universität Kopenhagen in dänischer Sprache für ein dänisches Theater schrieb. Gottsched hat einen Teil von ihnen ins Deutsche übersetzt und in Deutschland einzubürgern versucht; sie waren von Molière angeregte Musterbeispiele der Komödie als Lasterkritik, verloren aber, weil sie keine Charaktere, sondern starre Typen zeichneten, nach der Mitte des Jahrhunderts ihr Publikum. Die zweite Periode der Bedeutung des skandinavischen Theaters für das deutsche begann in den siebziger Jahren des 19. Jahrhunderts mit Aufführungen der Dramen Björnstjerne Björnsons und Henrik Ibsens; später kamen die Dramen August Strindbergs dazu. Diese Periode dauert an. Zwar ist Björnson vergessen, aber Ibsen und Strindberg werden in immer neuen Rezeptionswellen weitergespielt; Ibsen, als sei er ein deutscher und kein erst ins Deutsche übersetzter Autor. Seine Wirkung auf die deutsche Bühne lässt sich im Ganzen nur mit der Wirkung Schillers, Shakespeares oder Brechts vergleichen.

Dabei war diese Rezeption des neuen skandinavischen Dramas nur Teil einer viel breiteren Wirkung skandinavischer Literatur und Kultur auf das deutsche Jahrhundertende. Björnsons und Strindbergs Geltung als Erzähler übertraf ihre Geltung als Dramatiker; primär als Erzähler wurden auch Jonas Lie, Alexander Kielland und Arne Garborg rezipiert. Um die nachgelassenen Werke des früh gestorbenen Dänen Jens Peter Jacobsen bildete sich auch in Deutschland eine enthusiastische Gemeinde. Die ganze deutsche Moderne der achtziger und neunziger Jahre, also der Gerhart Hauptmann, Hermann Sudermann, Max Halbe, Arno Holz, Johannes Schlaf und anderer, heute Übersehener, ist von diesem aus Skandinavien gekommenen »modernen Durchbruch« (Georg Brandes) mitbestimmt worden; in der von 1888 an bei Samuel Fischer herausgegebenen »Nordischen Bibliothek« fand sie ihre Vorbilder. Es war eine bezeichnende Mystifikation, dass Arno Holz und Johannes Schlaf ihre 1889 veröffentlichte Novellensammlung *Papa Hamlet*, das erste exemplarische Werk des deutschen Naturalismus, als Übersetzung aus dem Norwegischen ausgaben. Zitate aus Ibsen wurden Mode, junge Autoren suchten auf sich aufmerksam zu machen, indem sie ihm ihre Arbeiten widmeten; Kleidung, Wohnungseinrichtung, Namengebung: überall zeigten sich Einflüsse einer radikal auftretenden skandinavischen Gegenkultur.

Für ihre schnelle Verbreitung gibt es eine ganze Reihe Gründe. Aus einer deutschen Vorliebe für nordische Namen und Sujets, wie sie zur Zeit Klopstocks und der Romantiker bestanden hatte, für kämpfende Recken auf nebelverhangener Heide, ist sie nicht mehr zu erklären. Die Personen der neuen nordischen Romane und Dramen sind Zeitgenossen, Bürger und Bauern aus dem neunzehnten Jahrhundert, in ihrer Realistik von wirklich lebenden Menschen kaum zu unterscheiden. Dafür unterscheiden sie sich durch die Direktheit, mit der sie innerhalb der Bücherwelt aus der Wirklichkeit sozialen Lebens kommen und Probleme dieser Wirklichkeit vorleben, merkbar von den idealisierten oder auf Charaktertypen reduzierten Figuren der anderen zeitgenössischen Roman- und Theaterliteratur. Sie fordern nicht zu träumerischer Identifikation auf, sondern zu Auseinandersetzung und Kritik. Um das je nach Blickwinkel Anstößige oder Faszinierende dieses skandinavischen sozialen Realismus wahrzunehmen, muss man sich die deutsche Realität vergegenwärtigen, in die er hineingerät.

Seit dem deutsch-französischen Krieg von 1870/71 gibt es das neue deutsche Kaiserreich mit dem Wechsel von Gründerfieber und Gründerkrach; für lange Zeit werden der schneidige Offizier und der sich durchsetzende Unternehmer zu nationalen Leitfiguren. Den inneren Feind, die Socialdemokratie, versucht Bismarck mit Publikationsverboten, Zwangsauflösung und Ausweisungen niederzuhalten, freilich ohne großen Erfolg. Private und öffentliche Repräsentation erreichen nie gekannten Umfang; in Architektur und bürgerlichem Interieur überlagern einander die historisierenden Stilgesten; mit Tierfellen, exotischen Waffen, Trommeln und Tanzmasken tauchen die ersten Kolonialtrophäen auf. Als Zeichen, dass man sich zu den besseren Kreisen zählt und gezählt werden will, gelten Champagner und Havannazigarre – auch in Ibsens *Puppenheim* spielen sie eine ironisch gemeinte Rolle. Schon in den siebziger Jahren hat sich eine offizielle, an Thron und Nation geheftete Literatur zu bilden begonnen; das Theater beherrschen der Urenkel des Prinzen Louis Ferdinand, Ernst von Wildenbruch, mit patriotischen Hohenzollerndramen und versierte Kommerzliteraten wie Paul Lindau und Oscar Blumenthal, der Gründer des Berliner Lessing-Theaters und Mitautor des Lustspiels *Im weißen Rössl*. Es gibt auch Raabe, Storm und den alten Fontane, aber am Rummel der Erfolgsautoren gemessen sind sie poetisch verschanzte Stille im Lande. Als 1876 Björnsons auf norwegische Verhältnisse gemünztes Konkurs-Stück *Ein Fallissement* auf die deutsche Bühne kommt, wird seine Thematik sofort auch als Anspielung auf die Scheinsolidität deutscher Verhältnisse verstanden.

Björnson war Norweger wie Ibsen. Norweger waren auch Lie, Kielland, Arne Garborg. Dass Norwegen, damals ein Land mit etwa zwei Millionen Einwohnern, in wenigen Jahrzehnten eine so bedeutende Literatur hervorbringen konnte, verdankte es dem Ineinandergreifen besonderer politischer und kultureller Entwicklungen. Bis 1814 war es der schwächere Teil einer Union mit Dänemark gewesen; in der folgenden Zwangsunion mit Schweden konnte es sich Schritt für Schritt seine Unabhängigkeit erobern. Von daher hat die norwegische Literatur des 19. Jahrhunderts ihren starken Hang zum politisch-moralischen Erbe der Aufklärung und zu romantischen Freiheitsideen. Es ist in ihr noch lebendig das Gedächtnis an eine Gesellschaft von Freien, in der es trotz politischer Fremdherrschaft nie zur gehäuften Ausbildung des mitteleuropäischen Typus absolutistischer Untertanen gekommen war. Der Industriekapitalismus und die soziale Frage erreichten Norwegen später, dafür aber mit größerer Wucht als andere europäische Länder. Der

Zusammenprall mit erhaltenen vorkapitalistischen Lebensformen und altbürgerlicher Moralität, auch älterer Kaufmannsmoral, wie ihn in Deutschland zur selben Zeit Theodor Storm darstellt oder später Thomas Mann, war dementsprechend härter. Von daher hat die norwegische Literatur der zweiten Hälfte des 19. Jahrhunderts ihre Tendenz zum Aufdecken sozialer und sozialethischer Probleme. Es ist bezeichnend, dass Alexander Kielland Fabrikant war, zugleich aber Satiren auf neunorwegisches Wirtschaftsleben schrieb, und Jonas Lie bankrotter Industrieller. Auch Ibsens Leben ist durch den Bankrott seines Vaters, eines Kaufmanns, anders verlaufen, als es hätte verlaufen sollen. Das Schauspiel *Et dukkehjem* von 1879 legt zwar nicht, wie es andere Dramen Ibsens tun, ökonomische Wurzeln von Charakteren bloß, aber es setzt eine aufs Äußerste geschärfte soziale Wahrnehmungsfähigkeit und die Erinnerung an Leiden voraus.

1.2 Anstöße aus Biografie und Gesellschaftsgeschichte

Henrik Ibsen war sieben Jahre alt, als der Vater 1835 bankrottierte. Zu den Folgen gehörten nicht nur die soziale Deklassierung innerhalb borniert kleinstädtischer Verhältnisse und die sich anschließende materielle Enge. Früh schon sah Ibsen sich auf sich selber verwiesen und musste als mittelloser Apothekerlehrling die Luft der Gesindestube kennen lernen: Das Milieu aus Armut, Abhängigkeit und Bildungsferne, dem im 19. Jahrhundert schwer zu entrinnen war. Dieser Blick von unten, die Wahrnehmung gesellschaftlichen Schicksals in Lebensläufen haben sich seinem dramatischen Vorstellungsvermögen eingeprägt. Es erfindet mit besonderer Kraft deformierte, traumatisch verschattete Figuren und greift nicht umsonst immer wieder zum Handlungsschema der zurückliegenden Katastrophe, die sich langsam ins Bewusstsein durcharbeitet. Ibsen hat Mühe gehabt, die aus dieser frühen Lebensstörung entstandenen Bildungsmängel zu beheben oder zu überdecken; auch der etablierte Theaterdichter und Dramaturg hatte aber noch Schwierigkeiten und darin gleicht er Schiller oder Hebbel seinen Lebensunterhalt zu verdienen. Dies mag dazu beigetragen haben, dass der für das 19. Jahrhundert typische, schon der Romantik bekannte, oft aber bloß kokettierend ausgespielte Konflikt zwischen dem ästhetisch und ethisch nicht zu Kompromissen bereiten Künstler und der bürgerlichen Majorität in diesem Falle unversöhnlich ausfiel. Das öffentliche Bild Ibsens ist bis hinein in die Karikaturen vom grämlichen Zwerg mit dem Riesenhaupt davon bestimmt worden; das Schauspiel *Nora* wäre eines der Beispiele, und zwar das drastischste aus dem ganzen dramatischen Werk, wie diese unbeugsam kritische, allein dem Postulat der Wahrheit folgende Haltung sich in dramatische Konzeption umsetzt. Es stellt sich gegen Konventionen und sympathisiert mit ihren Opfern. Als Zweiundzwanzigjähriger hatte sich Ibsen in Christiania, dem späteren Oslo, den Thranitern angenähert, einer aus Handwerkern und Lohnarbeitern bestehenden Vereinigung, die die sozialutopischen Ideen des Frühsozialisten Marcus Thrane propagierte; er schrieb für sie eine Reihe Artikel und wurde, als die Polizei die Thraniter 1851 durch Verhaftungen politisch zu zerschlagen versuchte, nur durch die Umsicht eines Konfidenten außer Gefahr gebracht. Der spätere Nationaldramatiker hat direkte politische Parteinahmen vermieden, aber darin zeigt sich noch kein politisches, geschweige gesellschaftliches Desinteresse. Gerade die für das deutsche Theater wichtig gewordenen realistischen Dramen der siebziger und achtziger Jahre belegen eine ungebrochene, ja eigentlich jetzt erst ganz unverstellte, nicht mehr wie bei dem jüngeren Ibsen durch ein nordisch-nationalromantisches Dramenprogramm überlagerte Aufmerksamkeit für die Konflikt- und Problemfelder der sozialen Wirklichkeit.

Das für die Konzeption von *Nora* wichtigste historische Erfahrungsfeld ist die Familie. Die Biografen Ibsens berichten, dass die Ehe der Eltern, wohl noch unter der Wirkung des väterlichen Ruins, langsam zerfallen sei und die Mutter Anzeichen religiöser Schwermut gezeigt habe. Vermutlich hat auch das zu den fortwirkenden Katastrophenerinnerungen des Sohnes gehört, aber zu den Anstößen des Dramas ist es kaum zu rechnen. Sie kommen vielmehr aus der Beobachtung und Reflexion des großen Umwandlungsprozesses, dem die Familie in den europäischen Gesellschaften seit dem Ende des 18. Jahrhunderts ausgesetzt ist und der sich im Laufe des 19. Jahrhunderts, vor allem den Jahrzehnten der intensiven Industrialisierung, stark beschleunigt. Er betrifft Form und Funktion der Familie, das Verhältnis der Geschlechter in ihr und besonders Stellung und familiale Aufgabe der Frau. Der Form nach wandelt sich die Familie, indem sie von der weitgehend autark wirtschaftenden vorbürgerlichen und vorindustriellen Großfamilie auf eine Kernfamilie reduziert wird, aus der sich die Arbeit des Mannes hinausverlagert. Wohnung und Arbeitsplatz treten auseinander. Das trifft vorweg auf die sozialen Schichten zu, in denen sich die Formen bürgerlicher Arbeit und Kultur am frühesten ausprägen, Kaufleute, Bankiers, Besitzer von Manufakturen, Industrielle; es gilt aber auch für die immer größer werdenden Beamtenhierarchien und zum Teil auch für das entstehende Proletariat. Die Frau innerhalb der Wirtschaftseinheit der vorbürgerlichen Großfamilie hat, soweit sie nicht Kinder aufziehen muss, bestimmte fast immer schwere Handarbeit erfordernde Aufgaben, so in der Küche, bei der Versorgung des Viehs und der Bestellung der Gärten: In der geschlechtsspezifischen Arbeitsteilung der Landwirtschaft hat sich das in Resten bis heute erhalten. Die Hausfrau in der neuen, vorwiegend in den Städten anzutreffenden bürgerlichen Kernfamilie ist diesem Zwang zur groben Handarbeit zwischen vielen Geburten nicht mehr im selben Maße unterworfen. Sie kann aus der proletarisierten Landbevölkerung billige Dienstmägde anwerben; die Kinder, und darin werden gravierende Unterschiede zur proletarischen Familie sichtbar, können wie früher beim Adel in die Obhut von Ammen und Kinderfrauen gegeben werden. Dafür gerät die Frau, die ja durch diese Änderungen noch nicht aus einer patriarchalisch und patrilinear bestimmten Gesellschaft entlassen ist, zunehmend unter den Anspruch, die ideale Gefährtin des Mannes zu sein und die unermüdliche Mehrerin einer familialen Intimität und Privatkultur, mit der die Familie nach draußen hin zugleich repräsentiert und sich abgrenzt. Über die Wahl des Ehegatten entscheiden nicht unbedingt mehr ökonomische Erwägungen oder Abmachungen der Eltern, es entscheidet Liebe – eine in dieser Entscheidungsgewalt moderne Instanz. Die Familie als gepolstertes Nest für den Mann, der hinaus muss ins feindliche Leben, drinnen die züchtige Mutter, die der Kinder waltet, die Mädchen lehrt, den Knaben wehrt, den Gewinn, das ist das private Eigentum, mit ordnendem Sinn und fleißigen Händen mehrt: Die erste große, fast schon überanstrengte Selbstdarstellung dieser neuen Familie findet sich in Schillers *Lied von der Glocke* und ist anderthalb Jahrhunderte lang in der deutschen Schule auswendig gelernt worden.

Das ganze 19. Jahrhundert, vor allem das deutsche, steckt voller Selbstdarstellung dieser Familie. Philosophie und Wissenschaft beschreiben und reflektieren sie; entscheidend wird dabei ihr Verhältnis zu Gesellschaft und Staat. Hier ist nur an ein literarisches Werk zu erinnern, in dem diese Selbstdarstellung ihren Höhepunkt erreicht: an die unersättliche Schilderung abgeschirmter Familienseligkeit durch den mit Ibsen fast gleichaltrigen Theodor Storm. Auch er kennt nicht nur Bilder von Familienglück, sondern schon solche von ihrer Gefährdung und ihrer Zerrüttung; in späten Novellen lässt er sie zum Schreckensort für die in sie Hineinwachsenden werden. Ganz mit dem Gemüt dabei ist er freilich nur, wenn er die Heimeligkeit des Zusammenlebens in Haus und Stube ausmalen, die ruhige Sicherheit eines ererbten und wieder vererbbaren Besitzes vergegenwärtigen und die Familie vereinigen kann zu ihrem eigentlichen Fest, einer Art Selbstfeier: zur Weihnacht unter dem geschmückten Tannenbaum. Storm ist nicht der einzige große Weihnachtsidylliker des 19. Jahrhunderts, der Engländer Dickens steht ihm an Bedeutung nicht nach; die seit dem Biedermeier aufgekommenen Familienblätter fördern die Weihnachtsgenres schon aus Gründen einer nüchtern kalkulierenden Abonnementspflege. Am Jahrhundertende gehört zur sentimentalen bürgerlichen Weihnachtskultur schon das rituell vor Engelshaar und brennenden Kerzen ausgerichtete Familienfoto. Was bei Storm noch ein vergleichsweise naiver Reflex des Zusammenfließens von christlicher Weihnachtstradition und familialer Selbstvergewisserung ist, das Austeilen von Geschenken, in das auch mit Maßen die Dienstboten einbezogen werden, hat sich längst zum Hauptinhalt des Festes aufgeworfen. Selbst der christliche Anlass zu seiner Begehung, die Geburt des Erlösers, wird zum Stimulans innerhalb eines eigentümlichen Zwanges zur Selbstausstellung des ökonomischen Status der Familie, also der Einkünfte ihres Oberhauptes; wirklich gefeiert wird der Schwall materieller Güter, mit denen die Familie sich zum Zeichen allseitiger Liebe überhäuft. Ein noch jüngeres Stadium dieses Vorgangs hat Heinrich Böll in seiner Satire *Nicht nur zur Weihnachtszeit* persiflieren wollen. Das alles macht auf eine dramatische Pointe in Ibsens Schauspiel aufmerksam, die man leicht übersehen kann. Die Familie des Rechtsanwalts Helmer ist eine im Sinne des 19. Jahrhunderts moderne Familie: Mann, Frau, Kinder, Kinderfrau und Hausmädchen. Der Vorgang ihrer Auflösung, des Zerfalls ihrer scheinbar nahtlosen Homogenität wird ironisch, in anzüglich gemeinter aristotelischer Einheit der Zeit, auf etwa 48 Stunden des Familienfestes Weihnachten zusammengedrängt. Nora trägt, als sie am Anfang des ersten Aktes die Bühne betritt, eine Menge Pakete, das heißt Geschenke; ihr folgt ein Dienstmann mit dem Tannenbaum. Später schmückt sie ihn, obwohl ihr nicht danach zumute ist, erscheint also erst recht als Sachwalterin familialer Kultur. Ibsens dramatischer Rang besteht auch darin immer wieder solche sinnfälligen Kürzel für lang hingezogene und komplexe historische Vorgänge anzubringen.

Noch ein anderer Vorgang aus der Sozialgeschichte gehört zu den Voraussetzungen des Dramas. Parallel zu dem Prozess, in dem sich aus der vorbürgerlichen Familie die bürgerliche herausbildet, verläuft ein anderer, in dem die herkömmliche patriarchalisch definierte Stellung der Frau zunehmend in Frage gestellt und zum Teil auch aufgelöst wird. Die ersten Manifestationen dazu finden sich in der Französischen Revolution und wenig später in der deutschen Romantik; im Laufe des 19. Jahrhunderts verdichten sie sich zu einer Emanzipationsbewegung, die Millionen Frauen an sich bindet, vornehmlich in den protestantisch geprägten Ländern. Großen Auftrieb geben ihr die Jahre um die Revolution von 1848, ihren Höhepunkt hat sie in den beiden Jahrzehnten nach 1880, also etwa zur Zeit des Erscheinens und der ersten Aufführungen von *Nora*; ihr Zentrum ist damals England. In Deutschland differenziert sie sich besonders scharf in einen bürgerlich bestimmten Reformflügel, dem es hauptsächlich auf Verbesserung der Bildungs- und Erwerbsmöglichkeiten der Frauen ankommt; in einen politisch und programmatisch sich an die Sozialdemokratie und die Gewerkschaften anlehnenden, gerade dort indessen mit größerem Widerstand kämpfenden proletarischen Flügel und in eine nicht organisierte aber deutlich abgehobene, die Literatur freigeistig als Kampf- und Selbstdarstellungsmittel nutzende Gruppe von Radikalen. Manches von ihrer Hinterlassenschaft ist erst nach dem Zweiten Weltkrieg bei der Suche nach Vorläufern und Vorbildern für die sich formierende neue Frauenbewegung wiederentdeckt worden. Ein ähnliches literarisches Selbstbewusstsein der Frauen hat sich erst in den siebziger Jahren hergestellt.

Ibsen hat die Frauenbewegung nicht erst durch seine Übersiedlung nach Deutschland kennen gelernt, sondern schon in Norwegen. Auch dort gab es früh Schriftstellerinnen, die, wie in Deutschland Louise Otto-Peters oder Fanny Lewald und in Frankreich, allen anderen vorauf, George Sand, die vorgefundenen belletristischen Genres als Träger für Emanzipationsideen handhabten – Literatur war das Medium, über das sich im 19. Jahrhundert die Frauen am ehesten erreichen ließen. Schon 1855 war anonym unter dem Titel *Amtmandens døttre*, in der deutschen Übersetzung *Die Amtmannstöchter*, eine romanartige Erzählung erschienen, die im Charakter einer sentimentalen Geschichte von unerfüllt bleibender Liebe die Unfreiheit der Frauen in einer von Männern beherrschten Gesellschaft attackierte. Obwohl sie größtenteils dilettantisch geschrieben war, hatte sie so große Resonanz, dass sie mehrmals aufgelegt werden musste und die Verfasserin aus der Anonymität hervortrat. Es war Camille Collett, Schwester des um die kulturelle Autonomie Norwegens verdienten Lyrikers Henrik Wergeland, von da an die literarische Sprecherin der sich formierenden norwegischen Frauenbewegung. Ibsen hat ihre Bedeutung für sein Werk immer wieder selbst hervorgehoben; sie bestand nicht so sehr in spezifisch literarischen Anregungen als in der moralischen Kraft ihrer Ideen und in ihrem Kampf für diese Ideen; in einer von ihr erschlossenen neuen Dimension des Offenlegens gesellschaftlicher Strukturen und

Probleme durch die Frau und zugunsten der Frau. Die Konzeption des dramatischen Konflikts in *Nora* ist ohne diese Einwirkung schwer denkbar; der zwar weit verbreiteten, auch von Ibsen rezipierten, theoretisch viel triftigeren Schrift *The subjection of women* des Engländers John Stuart Mill mangelte demgegenüber schon das Moment weiblicher Authentizität. Dabei ist Ibsen sich über die soziale Begrenztheit von Camille Colletts literarischen Kämpfen durchaus im Klaren gewesen.

Für die Konzeption des dramatischen Konflikts in *Nora*, Noras Verstoß gegen eine Rechtsnorm durch die Fälschung einer Unterschrift, gab es aber auch einen direkten Anstoß aus Ibsens literarischem Bekanntenkreis. Er wurde nach den ersten Aufführungen des Schauspiels publik und hat lange seine literaturkritische Erörterung mitbestimmt; zu seinen Kommentatoren gehörte auch Camille Collett. Eine nach Dänemark verheiratete, heute vergessene Schriftstellerin, Laura Kieler, mit der Ibsen schon Anfang der siebziger Jahre durch die Zueignung eines ihrer Bücher und Bitten um kritische Ratschläge bekannt geworden war, hatte nach dem Aufbrauchen ihres eigenen Vermögens zur Abdeckung größerer trivialer Schulden die Unterschrift ihres Mannes nachgeahmt; die Summe, auf die der gefälschte Wechsel lautete, hoffte sie durch den Ertrag ihrer Werke einbringen zu können. Als dies nicht gelang und ihr Mann von der Fälschung erfuhr, drohte ihr zuerst die Scheidung, dann wurde sie für einige Zeit in eine Nervenheilanstalt geschickt – im 19. Jahrhundert und für seine Anschauungen von der natürlich beschränkten Rechtsfähigkeit der Frau wohl die gnädigere Lösung. Sie erklärte den Vorgang als zeitweilige geistige Verwirrung. Ibsen hat hellsichtig schon früher vor den ihm zur Förderung unterbreiteten Manuskripten vermutet, dass Frau Kieler etwas verschweige; die Aufmerksamkeit des Dramatikers ist, soweit sich das rekonstruieren lässt, durch die Nachricht von ihrer Verschickung ausgelöst worden. Für die Öffentlichkeit schien dies in großen Zügen schon die Geschichte Noras zu sein, Nora gleich Laura wie Laura gleich Nora, und dies umso entschiedener, je mehr Ibsen zu dieser Frage sich offiziell ausschwieg. Als Laura Kieler zehn Jahre später angesichts nicht verstummender Spekulationen von ihm die Erklärung erbat, dass sie nicht Nora sei, lehnte Ibsen ab mit der Begründung, eine solche Erklärung wäre sowohl bedeutungslos als auch lächerlich, nachdem er ja nie das Gegenteil behauptet habe. Eine im ersten Augenblick unbillige Reaktion, die aber auf einem auch in realistischer Schreibweise fundamentalen Unterschied zwischen einer wirklichen und einer literarisch konstituierten Person beharrt. Sie deutet darauf hin, dass im Prozess der Entstehung des Stückes die empirische Individualität aufgehoben und zusammen mit allen empirischen Vorgängen um sie in einen Modus allgemeiner Möglichkeit überführt worden war. Der Entstehungsprozess von *Nora* war denn auch langwieriger und von Anfang an stufenreicher, als es die Abstempelung von Laura Kieler zum lebenden Modell unterstellt.

1.3 Entstehung

1864 bekam Ibsen ein Reisestipendium des norwegischen Parlaments. Es brachte zusammen mit einer von Freunden gesammelten Unterstützungssumme das Ende langer oft dürftiger Jahre, die er als Dramaturg und künstlerischer Leiter von Theatern in Bergen und Christiania, dem heutigen Oslo, verlebt hatte. Er reiste nach Rom, blieb dort bis 1868 und nahm dann Wohnung in Deutschland, zuerst in Dresden, dann in München; erst 1891, nach zwei neuen längeren Aufenthalten in Italien und misslich verlaufenen Besuchen in der Heimat, siebenundzwanzig Jahre nach seiner Ausreise, kehrte er für immer nach Norwegen zurück. In diesen deutschen und italienischen Jahren sind die großen realistischen Gegenwartsdramen geschrieben, uraufgeführt, ins Deutsche übertragen und auch zum ersten Mal auf deutschen Bühnen gespielt worden; deshalb sind sie trotz ihrer norwegischen Sujets auch nicht strikt von der Anschauung des deutschen Theaters und der Erfahrung deutscher Zustände zu trennen. *Et dukkehjem* steht am Anfang dieser Reihe. Es ist in seiner ersten deutschen Übersetzung als *Nora oder Ein Puppenheim* zu Ibsens wirkungsmächtigstem Stück innerhalb der kurzen Periode wechselseitiger Anziehung von ästhetischer Moderne und sozialer Kritik geworden, die mit den achtziger Jahren begann und in die der deutsche Naturalismus und vieles von der Literatur der deutschen Frauenbewegung hineingehören.

Die Entstehungsgeschichte des Schauspiels reicht weiter zurück, als ihre dokumentierbaren Teile, eingeschlossen die Vorgänge um Laura Kieler, es anzunehmen erlauben. Im Grunde bahnt sie sich schon in den Konzeptionen problematisch gewordener Beziehungen zwischen den Geschlechtern und starker, dem gleichzeitigen patriarchalisch-normativen Bild der Frau widersprechender Frauen an, die in den Dramen der fünfziger und sechziger Jahre sichtbar werden. Eine solche starke Frau ist etwa die Hjordis in den *Helden auf Helgeland*, einer Ausformung des Nibelungenstoffes in der Lebenswelt altnordischer Sagas: Sie steht dort an der Stelle der Brunhild, tötet den an der Stelle Siegfrieds stehenden Seekönig Sigurd indessen selber, bevor sie sich den Tod gibt – bis zu den zwar immer noch leidenden, womöglich zu patriarchalischen Katastrophen beitragenden, aber die Gewichte zwischen Mann und Frau schon verschiebenden, dem Mann an Kraft überlegenen Frauen der späteren Dramen ist es von da aus kein weiter Weg, auch nicht zu Nora Helmer. Es bedarf nur der Thematisierung säkularer Schwäche und Zurückgesetztheit der Frau und der Möglichkeit eines Wiedergewinns von Selbstbestimmtheit und Stärke, das heißt auch der Erkenntnis ihrer Schwäche als Resultat von Erziehung und gesellschaftlichem Rollenzwang. Die bürgerliche Gegenwart mit Spießern, Bürokraten und ihrem weiblichen Anhang wird zum ersten Mal 1862 in der *Komödie der Liebe* dargestellt und bloßgestellt, aber noch in der jambischen Versrede der Klassik; Prosa als der bürgerlichen Gegenwart gemäßere Redeform, so auch in *Nora* gebraucht, tritt zum ersten Mal in dem scharf satirischen Lustspiel *Der Bund der Jugend* von 1869 auf, und in ihm findet sich auch zum ersten Mal das Bild der Puppe im Zusammenhang der Anklage einer Frau gegen ihre Zurichtung zum unzurechnungsfähigen Luxusgeschöpf. »O, wie habt ihr mich misshandelt! Schändlich, – einer wie der andere!«, schreit dort Selma Bratsberg ihrer Familie entgegen. »Immer sollt ich nehmen; nie durft ich geben. Ich bin die Arme unter euch gewesen. Nie kamt ihr, irgendein Opfer von mir zu fordern; ich war nicht gut genug, auch nur das Kleinste mitzutragen. Ich hasse euch! Ich verabscheue euch!« Und unmittelbar darauf: »Wie hab ich nicht gedürstet nach einem Tropfen eurer Sorgen! Doch wenn ich bat, so habt ihr immer nur mit einem leichten Scherz mich abgewiesen. Ihr zogt mich an wie eine Puppe; ihr spieltet mit mir, wie man mit einem Kinde spielt. Und ich hätte doch mit heller Freude Schweres getragen; ich hatte Sehnsucht nach allem, was mich emporhebt und erhöht« (zit. nach der Übersetzung von Adolf Strodtmann in den *Sämtlichen Werken*, 1900). Sie will fort von ihrem Mann, der in eine Wechselaffäre verstrickt ist, will lieber spielen und singen auf der Gasse und läuft wirklich aus der Szene hinaus: das nimmt manches von der großen Anklage der Nora gegen Helmer und von ihrem Abschied vorweg, wiewohl es an seinem Ort noch als folgenloser hysterischer Ausbruch zu verstehen ist, denn das Stück bleibt ein Lustspiel. Auch dann sind das freilich Sätze, in denen schon die Wirkung der antipatriarchalischen Kampagne der Frauenbewegung greifbar wird.

Die ersten unmittelbaren Belege des Entstehungsvorganges sind Aufzeichnungen aus Rom unter dem Datum des 19. Oktober 1878, in deutscher Übersetzung zum ersten Mal 1909 im dritten Band der *Nachgelassenen Schriften* veröffentlicht. Sie setzen ein mit der Skizze eines dramatischen Konfliktes zwischen Rechtsnorm und Liebe, in dem der Konflikt des Schauspiels vorgebildet ist und der auch schon einige von dessen Handlungszügen andeutet, hier aber aus einer radikalen, halb sozialkritischen halb geschlechterpsychologischen These entwickelt wird. Es ist die These eines fundamentalen Ungleichseins von Mann und Frau und der daraus folgenden Fehlbeurteilung des Handelns der Frau in einer vom Mann bestimmten Gesellschaft. Fundamentales Ungleichsein der Geschlechter behaupten zur selben Zeit auch Theoreme, die die kulturelle und soziale Herrschaft des Mannes, zumeist von den Naturwissenschaften her, vor allem der Biologie, zu untermauern versuchen; der Unterschied liegt darin, dass diese Theoreme auf einen natürlichen Minderwert der Frau gegenüber dem Mann hinauswollen – ein großer Teil der publizistischen Anstrengungen der Frauenbewegung hat ihrer Widerlegung gegolten –, Ibsen dagegen nicht bloß jedes Werturteil über das Anderssein der Frau vermeidet, sondern merkbar ihre Partei ergreift. Dass sie in der Männergesellschaft nicht sie selbst sein kann, ist Beschreibung eines Sachverhalts und Einspruch zugleich. Es hieße spekulieren, wollte man psychische Gründe unterhalb der Reflexion für diese auffällige Solidarisierung mit der Frau und ihrem gesellschaftlichen Schicksal ausfindig machen; zu den erkennbaren Motiven gehört hier jedenfalls eine kaum verhohlene Abneigung gegen Recht als abstrakte Gesetzesnorm, und das hätte seine Parallele in Ibsens bekannter Abneigung gegen den Staat. Da aber die Autorität abstrakter Rechtsnorm mit der gesellschaftlichen Vorherrschaft des Mannes, überhaupt mit dem Mann identifiziert wird, fällt auf die Frau das Gewicht eines natürlichen Gegenprinzips. Sie vertritt gegenüber dem Gesetz die Liebe: Ähnliche Entgegensetzungen sind aus dem Erbe der deutschen

Romantik geläufig, freilich fast immer ohne das hier hervorstechende Moment sozialer Kritik. Statt unseres Wortes »Frau«, das in seinem Ursprung ja selber ein Macht- und Rechtsverhältnis mitbezeichnet: Die herausgehobene Stellung einer Herrin, ist dann aber der von Ibsen gemeinten Bedeutung das im 19. Jahrhundert gebräuchlichere, in der Übersetzung von 1909 auch benutzte Wort »Weib« angemessener.

»Rom, 19. 10. 78.
Es gibt zwei Arten geistiger Gesetze, zwei Arten Gewissen, eins für den Mann und ein ganz anderes für das Weib. Sie verstehen einander nicht; aber das Weib wird im praktischen Leben nach dem Gesetz des Mannes beurteilt, als ob sie nicht ein Weib, sondern ein Mann sei.

Die Ehefrau des Stückes kennt sich am Ende in dem, was recht oder unrecht ist, gar nicht mehr aus; das natürliche Gefühl auf der einen und der Autoritätsglaube auf der anderen Seite bringen sie ganz in Verwirrung.

Ein Weib kann sich selbst nicht treu sein in unserer heutigen Gesellschaft, die eine ausschließlich männliche Gesellschaft ist, mit Gesetzen, die von Männern geschrieben sind, und mit Anklägern und Richtern, die die weibliche Handlungsweise vom männlichen Standpunkt aus beurteilen.

Sie hat eine Fälschung begangen und das ist ihr Stolz; denn sie hat es aus Liebe zu ihrem Manne getan um ihm das Leben zu retten. Dieser Mann aber steht mit der ganzen Ehrenhaftigkeit des Alltagsmenschen auf dem Boden des Gesetzes und sieht die Sache mit den Augen des Mannes an.

Seelenkämpfe. Unter dem Druck des Autoritätsglaubens irre geworden, verliert sie den Glauben an ihr moralisches Recht und an ihr Talent ihre Kinder zu erziehen. Bitterkeit. Eine Mutter in unserer heutigen Gesellschaft, wie gewisse Insekten hingehen und sterben, wenn sie in der Fortpflanzung des Geschlechts ihre Pflicht getan haben. Liebe zum Leben, zum Haus, zu Mann und Kindern und Verwandten. Hin und wieder frauenhaftes Abschütteln der Gedanken. Plötzlich wiederkehrende Angst und Entsetzen. Alles muss allein getragen werden. Die Katastrophe nähert sich unerbittlich, unabwendbar. Verzweiflung, Kampf und Untergang.«

Der entscheidende Unterschied dieser Konzeptionsskizze gegenüber dem späteren Schauspiel ist schnell zu finden. Sie zielt noch ab auf eine Tragödie. Was im Schauspiel nur als äußerste Möglichkeit gestreift wird: Die Selbsttötung, der Gang ins Wasser, hat hier noch Unabwendbarkeit. Zwar sind auch im Schauspiel Nora und Helmer die Vertreter der beiden Geschlechter in einer bestimmten historischen Konstellation, nämlich innerhalb der durch die Herrschaft des Mannes charakterisierten bürgerlichen Gesellschaft, aber die Fesselung der Frau an Mann und Familie wird in ihm gesprengt, die bloße Funktionalität innerhalb der Pflicht zur Fortpflanzung, die Ibsen in den Vergleich mit Insekten fasst, aufgehoben, der Sog des Wassers schließlich gebrochen: Nora darf überleben und geht. Damit rücken freilich ihre Verzweiflung und ihr Kampf dramaturgisch an eine andere Stelle. Sie gehören nicht wie hier zum Hereinbrechen der Katastrophe, sind nicht mehr Teil von ihr, sondern nur noch Durchgangsmomente in Richtung auf ein nicht mehr tragisches Ende und dies hat Folgen. Es erfordert vom Autor, Nora von Anfang an als doppelbödige Figur zu handhaben, sie mit einer untergründigen Kraft zur Selbstbestimmung auszustatten, die die plötzliche Loslösung von Helmer und der Familie dramatisch glaubhaft werden lässt, und es führt zu einem um so komplexeren, aber immer nur stationenhaft sichtbar zu machenden Drama im Drama, dem schwierigen Durchbruch Noras zu sich selbst. Dennoch bleibt diese erste Konzeptionsskizze darin gültig, dass sie ihr Interesse, ihre Erfindungskraft fast ausschließlich der weiblichen Hauptfigur zuwendet. Das Schauspiel stellt ihr andere Figuren entgegen, keine davon kann wegfallen, und doch ist das fertige Stück in gewissem Umfang auch wieder nur ein Stück für eine Person, die weibliche Hauptrolle. Mit ihrer Besetzung steht oder fällt jede Inszenierung.

Die Aufzeichnungen aus Rom setzen sich fort in einem knappen, aber schon alle drei Akte umfassenden Szenarium mit vorangestelltem Personenverzeichnis. Es belegt gegenüber der Skizze eine fortgeschrittenere Stufe der Konzeptionsarbeit: Die Tragödienperspektive ist gekappt, Nora geht nicht mehr unter, sie geht fort. Dafür ist ihr Mann, der spätere Helmer, noch ausdrücklich Ministerialsekretär und heißt Stenborg, Doktor Rank noch Hank, die Handlungsdauer reicht von Heiligabend, also dem 24. Dezember, bis zum Jahresende. Noras Abschied, ihr Aufbruch in ein anderes Leben fällt demnach noch auf die Neujahrsnacht, ein symbolisches Datum, auf den Tag, an dem ihr Mann seine neue, prospektiv alle ökonomischen Sorgen der Familie beseitigende Stellung als Bankdirektor antreten sollte. Der Grund, warum Ibsen diese Zeitdauer wieder eingeschränkt hat, dürfte darin gelegen haben, dass der dramatische Prozess in Nora, das Drama im Drama keine größeren, sich über Tage erstreckenden Zeitsprünge erträgt, vielmehr eine kompakte Einheit von Zeit erfordert. Das symbolische Gewicht des Weihnachtsfestes als des Festes der Liebe – dies ist wohl einer der genuin deutschen Züge des Stückes – war dann aber zweifellos größer und dramatisch unentbehrlicher als das des Anbruchs eines neuen Jahres: Freilich ergab sich daraus die spürbare Schwierigkeit, die Abendeinladung zu den Nachbarn, bei der Nora die Tarantella tanzt, als Weihnachtsgeselligkeit zu motivieren. Auch die Dringlichkeit des Glaubhaftmachens der Veränderungen, die Nora in den drei Akten durchläuft, muss dadurch zunehmen; aber das betrifft beides erst die Ausarbeitung des Schauspiels, nicht schon dieses Szenarium. Es spart überhaupt, von einzelnen Bemerkungen zu Noras Seelenzuständen abgesehen, die Innenseite der auftretenden Personen, die der Dramatiker ohnehin nur über Monolog und Dialog, Gestik und Bewegung im Raum wahrnehmbar machen kann, noch weitgehend aus; am Ende des dritten Aktes, wo im Schauspiel die stärksten Erschütterungen der patriarchalischen Ehe vor sich gehen, heißt es hier lapidar bloß »Große Szene« oder »Schlussszene«. Vielleicht notiert Ibsen an solchen Stellen aber auch nur dramentechnische Kürzel für eine Handlungsführung, die sich in der dramatischen Fantasie schon viel weiter aufgegliedert hat. Die folgende Übersetzung ist wieder dem dritten Band der *Nachgelassenen Schriften* entnommen.

»*Erster Akt.*

Ein gemütlich, doch prunklos eingerichtetes Zimmer. Eine Tür rechts im Hintergrunde führt zum Vorzimmer; eine zweite Tür links im Hintergrunde führt zu dem Zimmer oder Büro des Hausherrn, das sichtbar wird, sobald die Tür sich öffnet. Feuer im Kachelofen, Wintertag.
Sie kommt vergnügt trällernd vom Hintergrund herein; sie hat den Hut auf und den Mantel an und trägt eine ganze Menge Pakete, hat Einkäufe gemacht. Indem sie die Tür öffnet, sieht man draußen im Vorzimmer einen Dienstmann, der einen Weihnachtsbaum trägt. Sie: Lassen Sie ihn solange draußen stehen. (Nimmt das Portemonnaie aus der Tasche.) Wie viel? Dienstmann: Fünfzig Öre. Sie: Da ist eine Krone. Nein, behalten Sie den Rest. Dienstmann dankt und geht. Sie lacht und trällert stillvergnügt weiter, während sie einige von den mitgebrachten Paketen öffnet. Ruft hinein, ob er zu Hause ist? Ja! Zuerst Gespräch durch die geschlossene Tür, dann öffnet er und spricht mit ihr weiter, indem er, an seinem Pult stehend, die Arbeit nur wenig unterbricht. Die Klingel der Korridortür geht; er will nicht gestört sein; schließt sich ein. Das Hausmädchen öffnet Noras Freundin, die angereist kommt, die Tür. Freudige Überraschung. Auf beiden Seiten wird die Lage der Dinge erörtert. Er hat an der neuen Aktienbank die Stelle des Direktors erhalten und soll sie Neujahr antreten; alle pekuniären Sorgen sind nun vorbei. Die Freundin ist in die Stadt gekommen um sich nach einem kleinen Posten in einem Büro oder was es sonst sei, umzutun. Die Hausfrau spricht ihr guten Mut zu, glaubt ganz bestimmt, dass alles gut gehen wird. Das Mädchen öffnet dem Geldagenten die Flurtür. Die Frau erschrickt; kurzer Dialog; man weist ihn ins Büro hinein. Die Frau und die Freundin; die Verhältnisse des Geldagenten werden berührt. Der Hausherr kommt im Überzieher; hat den Geldagenten zu einer anderen Tür hinausgehen lassen. Gespräch über die Angelegenheiten der Freundin; Bedenken auf seiner Seite. Er und die Freundin ab; die Frau begleitet sie zum Vorzimmer; das Kindermädchen kommt mit den Kindern. Mutter und Kinder spielen. Der Generalagent tritt ein. Die Frau lässt die Kinder links hineingehen. Große Szene zwischen ihm und ihr. Er geht. Der Hausherr kommt; hat ihn auf der Treppe getroffen; verdrossen; will wissen, weshalb er wiedergekommen ist? Protektion? Keine Intrigen. Die Frau fragt ihn vorsichtig aus. Strenge Antwort aus Gesetzesmund. Ab in sein Zimmer. Sie (wieder in derselben Weise wie beim Abgang des Geldagenten): Aber das ist ja unmöglich. Ich hab' es doch aus Liebe getan!

Zweiter Akt.

Der letzte Tag des Jahres. Mittagszeit. Nora und das alte Kindermädchen. Nora, von Unruhe getrieben, macht sich zum Ausgehen fertig. Ängstlich-versteckte Fragen aller Art deuten an, dass sie sich mit Selbstmordgedanken trägt. Sucht die Gedanken zu verscheuchen es leicht zu nehmen, hofft auf irgendein Ereignis. Aber was für eins. Das Kindermädchen ab nach links. – Stenborg aus seinem Zimmer. Kurzes Gespräch zwischen ihm und Nora. – Kindermädchen kommt wieder; sucht Nora; das jüngste Kind weint. Verdrießliche Fragen von seiten Stenborgs; Kindermädchen ab; Stenborg will zu den Kindern hinein. – Doktor Hank kommt. Szene zwischen ihm und Stenborg. – Nora kommt schon wieder; sie ist umgekehrt; die Angst hat sie ins Haus zurückgetrieben. Szene zwischen ihr, dem Doktor und Stenborg. Stenborg ab in sein Zimmer. – Szene zwischen Nora und dem Doktor. Der Doktor geht. – Nora allein. – Frau Linde kommt. Szene zwischen ihr und Nora. – Anwalt Krogstad kommt. Kurze Szene zwischen ihm, Frau Linde und Nora. Frau Linde zu den Kindern hinein. – Szene zwischen Krogstad und Nora – sie bittet flehentlich um ihrer Kleinen willen; vergebens. Krogstad ab. Man sieht, wie der Brief von draußen in den Briefkasten fällt. – Frau Linde kommt nach einer kleinen Weile wieder herein. Szene zwischen ihr und Nora. Halbes Geständnis. Frau Linde geht. – Nora allein. – Stenborg kommt. Szene zwischen ihm und Nora. Er will den Briefkasten leeren. Bitten, Schäkereien, Überredungskünste, halb schelmische. Er verspricht, die Geschäfte den Neujahrstag über ruhen zu lassen; aber Mitternacht um zwölf Uhr –! Ab Nora allein. Nora (sieht auf die Uhr): Es ist fünf. Fünf; – sieben Stunden bis Mitternacht. Vierundzwanzig Stunden bis morgen Mitternacht. Vierundzwanzig und sieben – einunddreißig. Einunddreißig Stunden zu leben. –

Dritter Akt.

Man hört gedämpft Tanzmusik von der oberen Etage. Eine Lampe brennt auf dem Tisch. Frau Linde sitzt in einem Lehnstuhl und blättert zerstreut in einem Buche, versucht zu lesen, kann aber offenbar ihre Gedanken nicht sammeln; ein paarmal blickt sie auf ihre Uhr. Nora kommt aus der Gesellschaft herunter; die Unruhe hat sie getrieben; überrascht Frau Linde zu treffen, die vorgibt, sie will sich Nora im vollen Staat ansehen. Helmer kommt, verdrossen über Noras Aufbruch, um sie zurückzuholen. Der Doktor ebenfalls, doch um Abschied zu nehmen. Frau Linde ist inzwischen ins Nebenzimmer rechts gegangen. Szene zwischen dem Doktor, Helmer und Nora. Er will zu Bett gehen, sagt er, um nicht mehr aufzustehen; man solle ihn nicht besuchen; ein Sterbelager sei etwas Unschönes. Ab. Helmer geht mit Nora wieder hinauf, nachdem sie einige Worte des Abschieds mit Frau Linde gewechselt hat. Diese allein. Darauf Krogstad. Szene und Aussprache zwischen ihnen. Beide ab. Nora mit den Kindern. Darauf sie allein. Dann Helmer. Er nimmt die Briefe aus dem Kasten. Kurze Szene; gute Nacht; er ab in sein Zimmer. Nora, ganz fassungslos, bereitet sich auf die Entscheidung vor; ist schon an der Tür, wenn Helmer erscheint, den offenen Brief in der Hand. Große Szene. Es läutet. Brief an Nora von Krogstad. Schlussszene. Scheidung. Nora verlässt das Haus. –«

Das vom Schauspiel her gesehen auffälligste Moment von Unausgearbeitetheit besteht hier aber darin, dass von der Bedeutung, die die Aufdeckung der Vergangenheit für die dramatische Struktur hat, noch kaum etwas erkennbar wird. Auch der auf den ersten Blick gegen Nora zeugende und Helmers Vorhaltungen stützende Anschein von Leichtfertigkeit, ja Verlogenheit, den das Schauspiel zustande kommen lässt, ist hier außer im Motiv der unökonomischen Großzügigkeit gegenüber dem Dienstmann noch nicht ausgebildet. Dennoch müsste beides zum Zeitpunkt der Niederschrift des Szenariums schon Bestandteil der Konzeption gewesen sein, weil die Erfindung der Szenen mit Krogstad es voraussetzt; ja das ganze Szenarium muss sich von Anfang an, so sehr es selber erst dramatische Ordnung festlegt und damit den Entstehungsprozess vorantreibt, auf eine viel umfänglichere Materie von Einfällen, projektierten Handlungszügen, Charakterentwürfen, vielleicht auch Dialogbruchstücken bezogen haben. Aus ihr ist das Schema dann aufgefüllt worden, dabei selber wieder verändert, vor allem erweitert; es entstand die erste alle drei Akte umfassende Niederschrift, das Mittelglied zum fertigen Stück.

Ibsen hat diese erste vollständige Niederschrift Akt für Akt mit Daten versehen; heute werden diese Daten hin und wieder vereinfachend als Entstehungsdaten des endgültigen Textes angeführt. Begonnen ist die Niederschrift danach am 2. Mai 1879 noch in Rom, beendet am 3. August in Amalfi, einer Stadt an der Steilküste des Golfes von Salerno, in die sich die ganze Familie Anfang Juli vor der sommerlichen Hitze zurückgezogen hatte. Der Überlieferung seiner Schwiegertochter Bergliot zufolge hat Ibsen dort in dem kleinen Vorzimmer einer bescheidenen Hotelwohnung gesessen, als er schrieb; um so erstaunlicher der äußere und innere Umfang der dabei geleisteten Arbeit. Nicht nur ist in diesen Wochen die aus Rom mitgebrachte Niederschrift fortgeführt und abgeschlossen worden; in derselben Zeit hat auch ihre Umarbeitung zur endgültigen Fassung, das heißt die Vorbereitung der Reinschrift eingesetzt. Als Belege dieser sich mit der ersten vollständigen Niederschrift überlappenden letzten Entstehungsstufe haben sich einige Teilentwürfe erhalten; sie sind wiederum, wie die Niederschrift selbst, im dritten Band der *Nachgelassenen Schriften* veröffentlicht, brauchen hier aber nicht zu interessieren; ihre genaue Einordnung gehört zu den Einzelproblemen der Ibsen-Forschung. Vergleicht man aber den Text der Niederschrift mit dem der endgültigen Fassung, dann wird deutlich, dass die letzte Umarbeitung über weite Strecken hin, so im zweiten Akt, eine neue Verflüssigung des eben erst fixierten Wortlauts erforderte; seine Rückwandlung in disponible Materie und deren neuerliche Formung: ein ungeheures Beispiel für künstlerische Selbstkonzentration. Briefen an den Verleger Frederik Hegel ist die Erleichterung anzumerken, die Ibsen nach der Beendigung der Reinschrift empfand; zu entnehmen ist ihnen auch, dass die letzten Teile des Manuskripts erst Mitte September 1879 nach Christiania abgingen. Schon am 15. November erschien das Schauspiel als Buch.

Die Niederschrift der Sommermonate hat ihr Gewicht aber nicht nur als Zeugnis der Entstehungsgeschichte. Sie zeigt trotz vieler Vorausnahmen der endgültigen Textgestalt eine eigene Dynamik, und dies nicht nur darin, dass mitten in ihrem zweiten Akt der Name Stenborg durch den Namen Helmer ersetzt wird. Sie lässt im ganzen das Gerüst der Handlung stärker hervortreten, übrigens auch noch in der anfänglich vorgesehenen Zeitdauer von Weihnachten bis zum Jahresende; sie enthält weniger Zwischentöne und erlegt den Personen dafür mehr und direktere Dispute über sich selbst und Zeitprobleme auf, darunter auch über Frauenbewegung, beleuchtet damit aber die dramatischen Absichten des Autors an mancher Stelle schärfer als die endgültige Fassung. Im Folgenden wird sie daher auch immer wieder zu deren Analyse herangezogen. Wie eng sie zu Beginn noch an die Textvorgabe des Szenariums gebunden ist, soll die Wiedergabe des ersten Gesprächs zwischen Nora und Helmer, der noch Stenborg heißt, beleuchten. Ein durchgehender Vergleich mit dem viel längeren Text der endgültigen Fassung würde sichtbar machen, wieviel Detail- und Differenzierungsarbeit Ibsen allein hier bis zur Reinschrift noch aufgewandt hat.

Erster Akt.

Ein gemütlich und geschmackvoll, aber nicht luxuriös eingerichtetes Zimmer. Rechts im Hintergrund führt eine Tür in das Vorzimmer; eine zweite Tür links im Hintergrunde führt in Stenborgs Arbeitszimmer. In der Mitte der linken Wand Tür zum Kinderzimmer; im Vordergrund auf derselben Seite Sofa, Tisch und Lehnstühle. An der rechten Wand weiter zurück eine Tür und mehr nach vorn ein weißer Kachelofen, vor dem ein paar Lehnstühle und ein Schaukelstuhl stehen.

Wintertag. Teppich durchs ganze Zimmer. Im Ofen ein Feuer.

Im Vorzimmer klingelt es, gleich darauf hört man, wie geöffnet wird. FRAU STENBORG *tritt vergnügt trällernd ins Zimmer; sie hat den Hut auf und den Mantel an und trägt eine Menge Pakete, die sie rechts auf einen Stuhl legt. Während sie die Tür öffnet, sieht man im Vorzimmer einen Dienstmann, der einen Weihnachtsbaum und einen Korb trägt: er übergibt beides dem Hausmädchen, das ihnen geöffnet hat.*

FRAU STENBORG *zum Hausmädchen.* Tu den Tannenbaum gut weg, Kristine! Die Kinder dürfen ihn unter keinen Umständen vor morgen sehen. *Zum Dienstmann, indem sie ihr Portemonnaie hervorzieht.* Wie viel –?

DIENSTMANN. Fünfzig Öre.

FRAU STENBORG. Da ist eine Krone. Nein, behalten Sie den Rest. *Der Dienstmann dankt und geht. Frau Stenborg schließt die Tür. Sie trällert und lacht noch immer stillvergnügt vor sich hin, während sie Hut und Mantel ablegt.*

FRAU STENBORG *lauscht an der Tür ihres Mannes.* Ja, er ist zu Hause. *Trällert wieder leise vor sich hin.*

STENBORG *in seinem Zimmer.* Zwitschert da draußen die Lerche?

FRAU STENBORG *während sie einige Pakete öffnet.* Ja, freilich.

STENBORG. Poltert das Eichhörnchen da herum?

FRAU STENBORG. Ja.

STENBORG. Wann ist das Eichhörnchen nach Haus gekommen?

FRAU STENBORG. Diesen Augenblick. Komm, Thorvald, und sieh Dir mal meine Einkäufe an.

STENBORG. Nicht stören! *Bald darauf öffnet er die Tür und sieht hinein, die Feder in der Hand.* Einkäufe, sagst Du? Diese vielen Sachen? Ist das lockere Zeisiglein wieder ausgewesen und hat Geld vergeudet!

FRAU STENBORG. Aber, Thorvald, dieses Jahr dürfen wir doch wirklich ein bisschen über die Stränge schlagen. Es sind doch die ersten Weihnachten, wo wir nicht zu sparen brauchen!

STENBORG. Hör' mal, Du: Luxus dürfen wir auch nicht treiben!

FRAU STENBORG. Doch, Thorvald, wir dürfen jetzt schon ein bisschen Luxus treiben. Nicht wahr? Du bekommst ja nun ein großes Gehalt und wirst viel, viel Geld verdienen.

STENBORG *lacht.* Ja, von Neujahr ab; aber dann vergeht noch ein ganzes Quartal, bis das Gehalt fällig ist.

FRAU STENBORG. Pah; bis dahin können wir ja borgen.

STENBORG. Nora! *Tritt ins Zimmer.* Du weist, wie ich in diesem Punkte denke. Keine Schulden! Niemals borgen! Das ist zwischen uns beiden ein für allemal abgemacht. *Legt den Arm um ihre Taille.* Mein lockerer Zeisig ist entzückend; aber er braucht eine schwere Menge Geld. Man sollt' es nicht glauben, wie hoch einem Mann solch ein Vögelchen zu stehen kommt.

FRAU STENBORG. Ach pfui, wie kannst Du nur so etwas sagen? Ich spare doch wirklich, wo ich kann.

STENBORG *lacht.* Ein wahres Wort! Wo Du kannst. Aber Du kannst absolut nicht.

FRAU STENBORG *trällert und lächelt stillvergnügt.* Hm, Du solltest nur wissen, wie viele Ausgaben wir Lerchen und Eichhörnchen haben, Thorvald.

STENBORG. Du bist ein sonderbares Dingelchen, Du, Nora! Sitzt manchmal bis spät in die Nacht hinein und plagst Dich mit Abschreibereien, um der paar Kronen willen, die dabei herausschauen können; und dann – in demselben Augenblicke – verschwindet Dir's zwischen den Fingern, und Du weißt nicht, wo es geblieben ist. Aber das hat jetzt ein Ende, Nora. Die Abschreiberei, meine ich. Das ist nichts für kleine, fröhliche Lerchen; und jetzt haben wir es ja auch nicht mehr nötig.

FRAU STENBORG *klatscht in die Hände.* Nein, nicht wahr Thorvald, das haben wir nun nicht mehr nötig! O, wie schön sich das anhört! *Nimmt seinen Arm.* Nun will ich Dir sagen, Thorvald, wie wir unser künftiges Leben einrichten werden. Sowie Weihnachten vorbei ist – *Es läutet im Vorzimmer.* Ah, da läutet es. Es kommt gewiss jemand. Wie dumm.

STENBORG. Für Besuche bin ich nicht zu Hause; vergiss das nicht.

Geht in sein Arbeitszimmer und schließt die Tür hinter sich. Frau Stenborg räumt schnell ein wenig im Zimmer auf. Das Hausmädchen öffnet die Entreetür.

HAUSMÄDCHEN. Gnädige Frau – da ist eine fremde Dame –

FRAU STENBORG. Ja, bitte; treten Sie näher.

Was es mit dem Verhältnis Helmers zu seiner Frau auf sich hat, zeigt auch diese erste Niederschrift drastisch genug. Es ist ein süßlich überschminktes Zurechtweisen unter dem Vorwurf von Irrationalität und Verschwendungssucht. Zwar trifft dieser Vorwurf daneben, aber dass Nora die Bühne als Deformierte, sozial Stigmatisierte betritt, unterliegt keinem Zweifel. Überhaupt sind die handelnden Personen des Stückes untergründig durch Deformiertheit miteinander verknüpft.

2 Der Text. Beschreibung, Untersuchung, Kommentar

2.1 Das Ensemble der Personen und das Verfahren der retrospektiven Analyse

Das Personenverzeichnis zählt elf Personen auf: außer Nora und Torvald Helmer ihre drei Kinder, Frau Linde, Doktor Rank, den im ganzen Stück immer nur mit dem Nachnamen angeredeten Krogstad, die Kinderfrau Anne-Marie, das Hausmädchen und einen Dienstmann. Diese beiden und die Kinder sind keine Handlungsträger, in einer Inszenierung nur Kleinrollen; lässt man sie einmal beiseite, dann stehen sich drei Frauen, Nora, Christine Linde und die Kinderfrau, und drei Männer, Helmer, Krogstad und Doktor Rank, gegenüber. Es sind Auffächerungen der beiden Geschlechter, die sich schon in den Hauptfiguren gegenüberstehen. Zweimal zwei von diesen Personen haben auf den ersten Blick besondere Beziehungen zueinander: Nora und Helmer sind Eheleute, Frau Linde und Krogstad wollen sich gegen Ende des Stückes, einem früheren Verlöbnis folgend, von neuem miteinander verbinden. Aber die Abgegrenztheit dieser beiden Paare wird nicht nur dadurch relativiert, dass das eine zerfällt, als das andere unter fragwürdigen Bedingungen zustande kommt. Alle dem Anschein nach unmittelbaren Beziehungen zwischen den Menschen sind hier in ein Beziehungsgeflecht eingebettet, das in eine Zeit lange vor der Zeit des Schauspiels zurückreicht; in dem schon immer mächtige fremdbestimmende Kräfte die Selbstbehauptungskraft der Individuen geschwächt, ja deren Physis, das gilt für Doktor Rank, ruiniert haben. Jede der handlungstragenden Personen hat denn auch, wenn sie die Bühne betritt, eine ihre Gegenwart bestimmende Vorgeschichte, und die Vorgeschichten aller sind miteinander vernetzt. jede dieser Vorgeschichten aber macht aus der Person, die von ihr bestimmt wird, einen besonderen Fall innerhalb eines ganzen Spektrums sozialpathologischer Fälle. Jede ist seit jeher, gleich ob sie das weiß oder nicht, beschädigt.

Von diesen Vorgeschichten wird das meiste auf der Bühne aufgedeckt, wird hörbarer Inhalt der Handlung. Anderes ist weniger vom Zuschauer und seinen nur flüchtigen Eindrücken her zu erkennen als vom Leser aus dem Text zu erschließen, und dabei werden in der Reinschrift geänderte oder verschwundene Passagen der ersten vollständigen Niederschrift wichtig. Eine erste soziale Fixierung scheint so selbstverständlich zu sein, dass man sie womöglich übersieht: Das Stück spielt im Milieu sogenannter Akademiker, unter Juristen und Medizinern. Die Anwesenheit von Gesinde, der Kinderfrau und des Hausmädchens, macht auf seine Gehobenheit aufmerksam. Auch Noras Vater ist anscheinend Jurist, jedenfalls höherer Beamter gewesen. Das Selbstverständliche dieses Milieus scheint sich schon aus der Thematik, dem Grundkonflikt zwischen Gesetz und Liebe zu ergeben: Niemand anderes sollte auf dem Theater die Sphäre von Recht und Gesetz repräsentieren als der Rechtskundige. Das ist von Ibsen sicherlich auch so gemeint, und doch verfolgt er mit der Fixierung dieses Milieus noch einen anderen Gesichtspunkt. Die beiden Juristen sind nur scheinbar Sachwalter des Rechts, sie decken unwillentlich auch das Defizit an rechtlicher Gesinnung und wirklicher Gerechtigkeit auf, das in der Gesellschaft besteht, aus der sie kommen. Innerhalb des Schreckenspanoramas, das Ibsen in seinen Gegenwartsdramen ausbreitet, gehören sie neben die schmierigen Journalisten, die opportunistischen Kommunalpolitiker und die brutalen Unternehmer, aber ihre besondere Stellung haben sie darin, dass sie den Normen, die sie vertreten, und dem mit ihnen verknüpften Anspruch auf bürgerliche Honorigkeit selbst nicht genügen. Sie zählen als Studierte zur bürgerlichen Elite und rücken diese Elite zugleich in trübes Licht: Nicht von ungefähr macht Ibsen aus ihnen ehemalige Studienfreunde. Darin dürfte sich übrigens auch eine prinzipielle, aus Ibsens Lebensgang zu erklärende Reserve gegenüber Studierten ausdrücken. Wieder kann man leicht übersehen, dass das Denken und die Tätigkeit beider sich unentwegt an Geld heftet. Bei Krogstad, dem Bankangestellten, hat das offen kriminelle Züge, bei Helmer, dem künftigen Bankdirektor, zuerst noch den Anschein hausväterischer Biederkeit.

Dabei ist Helmer der negativere Charakter. Ibsen konstruiert ihn als Aufsteiger ohne Vermögen; seine Herkunft bleibt unklar, der Horizont seiner Vorgeschichte sind das Studium und das Bekanntwerden mit Noras Vater. Unter einem Studium hat man sich vorzustellen, was es im 19. Jahrhundert ausgeprägter war: Den mit Männlichkeitsriten und schnell geschlossenen Freundschaften gefüllten Freiraum aus Burschenherrlichkeit, der gleichwohl zum Eintritt in das höhere bürgerliche Erwerbsleben privilegiert – der Duzfreund Krogstad ist davon ein Überbleibsel. Helmer hat diese Vorbereitung auf ein Leben unter Privilegien nutzen können; die erste vollständige Niederschrift macht ihn zum Ministerialsekretär und Bürochef, erst in der endgültigen Fassung liegt diese Tätigkeit Jahre zurück. In beiden Fassungen aber hat er als junger Ministerialbeamter einen Vertrauensauftrag übernommen: Er ist dem in öffentliche Bedrängnis geratenen Vater Noras als Nothelfer, wahrscheinlich also als Verwaltungsattaché und juristischer Ausputzer beigegeben worden. Beide Fassungen belassen es bei Andeutungen, etwa der, dass der Vater, so wenigstens in Helmers Augen, leichtsinnig war und dass, so Nora, eine Zeitungskampagne stattgefunden hat. Offenbar kommt es Ibsen hier eher darauf an, das Bekanntwerden Noras mit Helmer unter Bedingungen zu stellen, die für Nora mit einem nachwirkenden Schock und familiären Schuldgefühlen verbunden waren, für Helmer hingegen mit einer Bestätigung seiner Männlichkeit und der leicht gewährten Übernahme einer Beschützerrolle. Die Erklärung, warum die endgültige Fassung seine Tätigkeit im Ministerium in die Vergangenheit verlegt und ihn zu einem Rechtsanwalt macht, könnte auf witzige Weise einfach sein. Nicht verzichten kann das Stück auf das Motiv von Noras Fälschung einer Unterschrift zur Erlangung von Mitteln für die Heilung ihres Mannes, der durch Überanstrengung krank geworden ist; Überanstrengung im Ministerialdienst bedeutet aber wohl für den Realisten Ibsen, der auch auf die Lebenswahrscheinlichkeit seiner Figuren achtet, eine Überforderung der Vorstellungskraft. So wird aus Helmer ein Rechtsanwalt, der den Dienst im Ministerium quittiert hat, weil seine Bezahlung für die Gründung einer Familie nicht ausreichte und keine Aussicht auf Beförderung bestand; die Überanstrengung kann sich so aus dem Zwang, mehr

Geld zu verdienen, ergeben haben. Beide Fassungen gleichen sich dann wieder darin, dass er vor kurzem zum Direktor der örtlichen Aktienbank gewählt worden ist und dieses Amt in wenigen Tagen, zum Jahresanfang antreten soll; dass sich damit nicht nur die Aussicht auf eine glänzendere finanzielle Zukunft, sondern auch auf eine Zeit glanzvoller Reputation eröffnet. Diese Perspektive materialisiert sich im Stück schon in der festtäglichen Balleinladung zu Nachbarn. In Wahrheit ist Helmer freilich, und auch darin gleichen sich die Fassungen, ein egoistischer Schwächling, der seine Position in der Familie tradierten Machtverteilungsmustern und deren Einübung durch Erziehung verdankt; seine sozialpathologischen Züge offenbaren sich am deutlichsten in dem gockelhaft eitlen Umgang mit Nora. Es klingt zärtlich, scheint in altüberlieferte Schemata erotischer Rhetorik zu fallen, wenn er sie wechselweise als Eichhörnchen oder Lerche anspricht, und stuft Nora doch auf das sei es ergötzliche sei es possierliche, aber eben unvernünftige Tier, das Stück Natur herunter. Es ist ästhetisierender Ausdruck einer viel allgemeineren männlichen Macht: Ständig redet so aus Helmer, seinem Gurren, Schmeicheln, Bemäkeln, Anordnen, aus seiner auftrumpfenden Dürftigkeit und leutseligen Brutalität ein historisches Kollektiv der Männer. In der endgültigen Fassung verstärkt Ibsen an entscheidender Stelle seine Selbstbezogenheit. Die erste vollständige Niederschrift lässt ihn, als der entlastende Brief Krogstads eintrifft, zu Nora noch »Du bist gerettet« sagen; dies wird dann in »Ich bin gerettet« geändert.

Krogstad ist der Studierte, dem der Aufstieg missglückt ist. Auch er hatte kein Vermögen; beiläufig erwähnt Frau Linde in ihrem ersten Gespräch mit Nora, und das muss sich auf die Jahre nach dem Studium beziehen, dass sie ihn früher gekannt habe: Er sei in ihrer Gegend eine Zeitlang Anwaltsgehilfe gewesen. Das wäre, an Helmers Ministerialdienst gemessen, eine bescheidene Position. Erst später stellt sich heraus, dass hinter dieser Eröffnung der Anfang von Krogstads Lebenskatastrophe versteckt liegt und dass es die Katastrophe eines Anlehnungsbedürftigen gewesen ist. Frau Linde hat einer ökonomisch unsicheren, irgendwann in der Zukunft zustande kommenden Verbindung mit ihm eine Versorgungsehe vorgezogen; dadurch ist Krogstad, wie er es im Rückblick selber sieht, aller feste Boden unter den Füßen weggeglitten. Er hat zwar auch geheiratet, aber es hat auf dieser Ehe kein Glück gelegen, wie übrigens auch auf der Vernunftehe Christine Lindes nicht – die Frau ist ihm gestorben wie in der Ehe der Frau Linde der Mann, geblieben sind ihm die vier Kinder. Bei der gemeinsamen Reflexion der Vergangenheit Anfang des dritten Aktes bezeichnet er sich als schiffbrüchigen Mann auf einem Wrack, und dieses Bild macht sich Frau Linde sofort für sich selber zu eigen: Ohne Zweifel hat Ibsen mit diesen Selbstbekenntnissen nebenbei auch gegen die Ehe als ökonomisches Instrument polemisieren wollen. Nach außen hin in die Katastrophe geraten ist Krogstads Existenz dann aber durch eine Betrugsaffäre und unsaubere Geldgeschäfte. Die Betrugsaffäre hat, obwohl sie nie vor Gericht gekommen ist, seine bürgerliche Stellung vernichtet, die unsauberen Geschäfte haben ihm die Mittel verschafft, mit denen er sich jetzt, so auch gegenüber Nora, als Geldverleiher betätigt. Er ist trotz des kleinen Postens, den er vor anderthalb Jahren in der

23

Bank bekommen hat, ein Ausgestoßener, der um seine Rehabilitierung kämpft, aber bereit scheint, wenn er von neuem abstürzen sollte, andere mitzureißen: Die Durchbildung dieses komplizierten Charakters und die Begründung seines Handelns haben Ibsen offensichtlich stark beansprucht. Der ersten Konzeptionsskizze vom 19. Oktober 1878 beigegeben ist eine Notiz, die ihn ganz und gar auf Negativität festlegt und keine andere Perspektive offen lässt: »Krogstad hat unehrliche Handlungen begangen und wurde dadurch wohlhabend, jetzt nützt der Wohlstand ihm nichts; er kann seine Ehre nicht wiedererlangen« (vgl. Nachgelassene Schriften, Bd. 3, S. 78). In der ersten vollständigen Niederschrift gibt Doktor Rank, unter den Figuren des Stückes der Raisonneur, eine genetische Erklärung, die zwar an Krogstads Negativität nichts ändert, nach dem Muster zeitgenössischer Milieutheorien aber objektive Faktoren einführt, ohne die sein Leben anders verlaufen wäre. »Ja«, sagt Rank zu Nora, »hätte Krogstad ein Heim gehabt sozusagen auf der Sonnenseite des Lebens – ein Heim, in dem alle geistigen Fenster dem Licht zu und nicht nach dem verdammten kalten feuchten Norden gelegen hätten – ich kenne ihn – ich möchte behaupten: Er wäre ein ganz anständiger Mensch geworden, genau wie wir anderen« (vgl. Nachgelassene Schriften, Bd. 3, S. 98). In der endgültigen Fassung ist das mit anderen Reflexionspassagen wieder getilgt, vielleicht auch, weil es sich schon wie ein abschließendes Urteil anhört und insofern mit Krogstads späterer Wendung, seiner Wiederversöhnung mit Christine Linde, in der ja Reste von Anständigkeit sichtbar werden, in einen für den Zuschauer schwer auflösbaren Widerstreit gerät.

Aber auch dann bleibt diese Wendung Krogstads für den Zuschauer und nicht zuletzt für den Schauspieler ein Problem. Was sie im Ablauf des Stückes bezweckt, ist deutlich: Sie bereitet, wie die ganze Wiederversöhnung mit Frau Linde, die Situation vor, in der zwischen Nora und Helmer die Wahrheit gesagt wird und Nora geht, so wenig das auch in den Absichten der Frau Linde und Krogstads gelegen hat. Beide nehmen im Grunde den Platz ein, den im bürgerlichen französischen Gesellschaftsstück, an dessen Dramaturgie Ibsen sich schulte, die Intriganten innehatten. Innerhalb der Konzeption von Krogstads Charakter bedeutet sie zumindest eine partielle Aufhebung der Negativität; der Schauspieler, der Krogstad darstellt, hat eine weit ausgreifende Dynamik zwischen krimineller Energie – auch die Bedrängung Noras, klassisches Beispiel einer Nötigung, hat ja einen kriminellen Zug – und einer zerknirschten Bereitschaft zu einem anderen Leben glaubhaft zu machen, so wie umgekehrt der Schauspieler, der Helmer darstellt, sich am Glaubhaftmachen von festgebackener Borniertheit bewähren muss. Das Verhältnis zwischen Krogstad und Helmer ist wiederum in der ersten vollständigen Niederschrift viel plakativer ausgeformt als in der endgültigen Fassung, vor allem macht Helmer deutlicher, warum er Krogstad aus der Bank geworfen haben will. Er hat sich als frisch gewählter Direktor eine Säuberung des Personals ausbedungen um das Ansehen der Bank zu heben; dabei ist Krogstad als besonders unzuverlässiges Subjekt mitentlassen oder, so in der endgültigen Fassung, zur Entlassung mit vorgesehen worden. Auch die deutsche Übersetzung lässt freilich durchschimmern – es handelt sich um ein später gestrichenes Gespräch zwischen

Nora, Helmer bzw. Stenborg, Rank und Frau Linde im ersten Akt –, dass bei der Absicht, die Bank in die Hand zu bekommen, Krogstad das eigentlich gemeinte Opfer war. Er musste als moralisch Belasteter und als lästig gewordener Jugendfreund verschwinden. Als Nora ihren Mann mitleidig fragt: »Aber, Thorwald, Ihr habt euch doch von klein auf gekannt«, antwortet er: »Gerade deshalb muss ich umso strenger sein. Wenn ich ihn nur schonen könnte; aber es ist mir unmöglich. Sie müssen nicht denken, dass ich hartherzig bin, Frau Linde! Ich bin es wahrlich nicht; aber ich habe Pflichten und Rücksichten gegen das Institut, das ich leiten soll. Ich habe meine Stellung erlangt dank der Opposition gegen das herrschende System, dank einer Broschüre, dank einer Reihe Zeitungsartikel und dank meinem energischen Auftreten in der letzten Generalversammlung. Und nun sollte ich mir gleich zu Anfang selbst eins auf den Mund geben?« – offenbar ist die Position des Direktors das schon längere Zeit anvisierte Ziel von Helmers Aufstieg gewesen (vgl. Nachgelassene Schriften, Bd. 3, S. 99 f.). Krogstad seinerseits vermutet in seiner Entlassung von vornherein eine gegen seinen Versuch einer Rehabilitierung gerichtete Ranküne; indem er aber Nora gegenüber auf das Wohl seiner Kinder pocht, führt er einen Wert an, den er in seinen Noras Selbsttötungsideen auslösenden Pressionen kalt missachtet. Auch in ihm, so wird überliefert, habe Ibsen eine empirische Person nachgebildet: einen besonders unangenehmen, in anrüchige Geschäfte verwickelten Rechtsanwalt. Wie bei Nora und Laura Kieler wäre das freilich keine die dramatische Bedeutung der Figur berührende oder gar erschöpfende Beziehung.

Doktor Rank ist der dritte Studierte. Auch er ist mit Helmer von Jugend auf bekannt, dazu nimmt er die Rolle einer aus der bürgerlichen Sittengeschichte des 19. Jahrhunderts wohl vertrauten Figur ein: des allein stehenden Hausfreunds mit kaum verhohlener Neigung zur Dame des Hauses. Er eröffnet sich Nora, als sie, halb bewusst halb unbewusst, bei ihm Hilfe sucht, und treibt sie dadurch erst recht auf sich selber zurück. Dass Ibsen aus ihm einen Mediziner, vermögenden Arzt mit gut gehender Praxis macht, hängt mit dieser Rolle des verliebten Hausfreunds, ironisch mit Noras Wohlergehen zusammen. Der Druck, unter den sie gerät, der ja in wenigen Stunden zur unmittelbaren Gefahr für ihr Leben anwächst – sie fürchtet, wahnsinnig zu werden –, müsste einen Arzt zum Eingreifen veranlassen, wenn er etwas davon bemerkte. Tatsächlich scheint Rank auch etwas zu bemerken, versucht sogar von Nora Gründe für ihren exaltierten Zustand zu erfahren, also eine Art Anamnese zu betreiben, erweist sich aber als unfähig, und das ist der erste Aspekt von Ironie, der auf ihm liegt, die Situation zu erkennen und die richtigen Fragen zu stellen. Das ist in der ersten vollständigen Niederschrift viel weiter ausgesponnen als in der endgültigen Fassung, zehrt aber in beiden an Ranks medizinischer Kompetenz, und in beiden ist er auch – das wäre der zweite ironische Aspekt – gegenüber dem physischen Verfall, den er an sich selber konstatieren muss, ohnmächtig. Sein Vater, Offizier und Lebemann, hat ihm ein offenbar syphilitisch bedingtes Erbübel, eine Rückenmarkskrankheit, also Tabes dorsalis, hinterlassen: Nur diese Selbstdiagnose kann er stellen und kommentieren, schließlich auch noch seinen bevorstehenden Tod ankündigen. Daß Ibsen ihn zu einem Mediziner macht, hat ursprünglich aber wohl noch einen anderen Beweggrund. Um ihn greifen zu können, muss man allerdings auf den Rank der ersten vollständigen Niederschrift zurückgehen – keine andere Figur des Stückes hat in der endgültigen Fassung Einschränkungen hinnehmen müssen wie er. In der ersten vollständigen Niederschrift kommentiert und räsonniert er in einem Umfang und von einer Position intellektueller Abgehobenheit her, die ihn oft wie eine Vorausnahme der vielen die dramatischen Vorgänge begleitenden naturalistischen Räsonneure erscheinen lassen. Während diese indessen, etwa in der Gestalt der theologischen Kandidaten, zumeist eine idealistisch dreinredende, immer noch auf das Höhere im Menschen pochende Vernunft vertreten, räsonniert Rank zynisch. Und zwar ist sein Zynismus ein auf Naturwissenschaft basierender, sozialdarwinistischer: Er überträgt die von dem englischen Biologen Charles Darwin theoretisch dargestellten Entwicklungsgesetze des pflanzlichen und tierischen Lebens, vor allem die 1844 veröffentlichte Selektionstheorie, auf das soziale Leben der Menschen und eifert von daher gegen alles humane Denken und Handeln, besonders das Mitleid – im Grunde propagiert er schon die Ausmerzung der in seinen Augen Lebensunwürdigen. »Studieren Sie die Naturwissenschaften, meine Damen«, sagt er im ersten Akt der ersten vollständigen Niederschrift zu Frau Linde und Nora, »dann werden Sie sehen, wie in allem ein durchgehendes Gesetz herrscht. Der kräftige Baum nimmt dem schwächeren die Lebensbedingungen und macht sie sich selbst zunutze. Ebenso bei den Tieren; die schlechten Individuen einer Herde müssen den besseren weichen. Und deshalb geht die Natur auch vorwärts. Nur wir Menschen sind es, die mit aller Gewalt den Fortschritt aufhalten, indem wir uns der minderwertigen Individuen annehmen. – Aber Donnerwetter«, lässt Ibsen ihn hinzufügen, »ich stehe hier und schwatze und vergesse ganz den Patienten, den ich noch zu besuchen habe. Das Biest wäre imstande, mir zu krepieren« (vgl. Nachgelassene Schriften, Bd. 3, S. 101). Der Anlass dieser großspurigen Besorgnis um Fortschritt ist im Zusammenhang des Textes freilich die Sorge um das eigene in der Aktienbank angelegte Geld, die Befürchtung, es könnte durch Vorschüsse oder Darlehen an untaugliche oder unordentliche, zur Rückzahlung nicht fähige Subjekte Schaden nehmen. Im Kopf hat Rank dabei Krogstad, aber sein ganzes von Geldangst erfülltes Wüten gegen die angeblich Minderwertigen betrifft dann auch die in ein Darlehensgeschäft verstrickte und durch die Fälschung einer Unterschrift belastete verehrte Nora: Wieder einer der grandios ironischen Einfälle, mit denen die Konzeption dieser Figur gespickt ist. Über sie reicht Sozialdarwinismus als scheinbar objektiv wissenschaftsförmige, in Wahrheit bloß das brutale Eigeninteresse des Besitzbürgertums rechtfertigende Lebenslehre in das familiale Milieu des Schauspiels hinein; die Aktienbank mit ihrem zweifelhaften Betrieb und den drei Prototypen von Nutznießern, dem aufstiegshungrigen, auf Säuberung bedachten Direktor, dem zur Entlassung vorgesehenen, Nora gegenüber zum Mittel der Nötigung greifenden Angestellten und dem paranoid veranlagten Aktieninhaber, wird zum sarkastisch kürzelhaften Sinnbild der von der kapitalistischen Ökonomie eingeholten norwegischen Gesellschaft. Fragt man sich, warum Ibsen fast alle hierher gehörenden Passagen wieder gekappt und den ursprünglichen Umfang der

Rolle Ranks reduziert hat, dann ist erstens zu vermuten, dass dies mit einer allgemeinen Zurückdrängung von räsonnierenden, dozierenden Elementen zu tun hat, und zweitens mit einer unumgänglichen Erweiterung der Rolle Helmers. Nicht Rank, sondern er, der in der ersten vollständigen Niederschrift streckenweise unausgearbeitet wirkt, ist ja die männliche Hauptfigur, und jede Verschiebung der Proportionen würde das Gewicht der Hauptszene des Stückes, der am Ende des dritten Aktes stehenden großen Auseinandersetzung zwischen Nora und Helmer, beeinträchtigen. Aber auch nach dieser Reduzierung seiner Rolle bleibt Rank der prinzipielle Gegner von Humanität, eine der ersten literarischen Kunstfiguren des 19. Jahrhunderts, in denen die Möglichkeit naturwissenschaftlich-medizinischer Rechtfertigung von Massenvernichtungen menschlichen Lebens vorausgedacht wird. Dieser marode, gelegentlich sentimental werdende Hausfreund ist eigentlich eine noch schrecklichere Erscheinung als Helmer und Krogstad; mit ihm ergänzt Ibsen, der von den politischen Perspektiven des Sozialdarwinismus nichts wissen konnte, das Paar deformierter Juristen zu einer Triade grausig verkorkster, mit Aggressivität vollgestopfter Charaktere aus der bürgerlich-akademischen Männerwelt.

Die Frauen sind Nichtstudierte. Das entspricht den damaligen Bildungsmustern der Frau, ist hier aber zugleich ein Status, in dem sich eine besondere Art sozialer Stigmatisierung ausdrückt. Auch sie sind alle beschädigt, aber ihr Beschädigtsein äußert sich nicht wie bei den Männern in einem Vorwalten negativer, die Umgebung aktuell oder virtuell bedrohender Energien, sondern in einer von der Kindheit oder Jugend her datierenden Vorenthaltung von Entwicklungsmöglichkeiten, einer Verstümmelung zu lebenslanger Unmündigkeit, auch als zwanghafte Ausbildung von kleinen, kleinlichen, künstlich naiven Horizonten und um so festeren Herrschafts-, Dienst- oder Gefühlsbindungen innerhalb von Ehe und Familie. Am leichtesten greifbar ist dieser Status des bewusstlosen oder bewusstseinsarmen Opfers an dem Kindermädchen Anne-Marie, das in Wahrheit eine ältere Frau ist. Die Bezeichnung Mädchen muss dieser Frau schon deshalb zäh anhaften, weil sie zu den sogenannten gefallenen Mädchen gehört: Der Mann, von dem sie geschwängert worden war, hatte sie nicht geheiratet, sondern sitzen lassen; ihr war nur die Möglichkeit geblieben sich als Amme zu verdingen und so ist sie zuerst die Ersatzmutter Noras, dann ein Stück lebendes Hausinventar und schließlich das Mädchen für Noras Kinder geworden. Ibsen zeichnet dieses Leben, das sich inmitten seiner Kärglichkeit sogar noch auf sein Glückhaben berufen will, mit wenigen genaue soziale Sachkenntnis und hinlängliches Mitgefühl verratenden Strichen, thematisiert aber gleich den von der Kinderfrau gezahlten, von ihrer Herrschaft also wohl auch geforderten Preis. Sie hat ihr eigenes Kind weggeben müssen. Als Nora sie fragt – es ist nach gebräuchlicher Zählung der zweite Auftritt des zweiten Aktes –, wie sie das übers Herz habe bringen können, erinnert sie sich sehr wohl an den Zwang, der damit verbunden war, und als Nora mutmaßt, ihre Tochter habe sie doch wohl vergessen, antwortet sie: »Nein, nein, das hat sie nicht. Als sie konfirmiert wurde und als sie sich verheiratete, beide Mal hat sie mir geschrieben« – diese bereitwillige Entsagung, dieses Einverständnis mit weiblichem Aufgebrauchtwerden ist ihr Beitrag zur Pathologie von Charakteren und Beziehungen, die das Stück enthält.

Nicht weniger auffällig ist er bei Christine Linde, Noras einstiger Schulfreundin. Sie kommt, nachdem sich beide lange Zeit aus den Augen verloren hatten, in die Stadt, um eine plötzlich empfundene Leere ihres Lebens auszufüllen; der Mann, den sie Krogstad vorgezogen und in einer Vernunftentscheidung geheiratet hatte, ist vor drei Jahren gestorben, Kinder hat sie nicht. Schon in ihrem ersten Gespräch mit Nora stellt sich heraus, was es mit ihrer Vernunftentscheidung für eine Bewandtnis gehabt hat: Die Mutter ist bettlägrig und hilflos gewesen, dazu waren zwei jüngere Brüder zu versorgen. Sie habe es für ihre Pflicht gehalten, sagt sie, den Antrag anzunehmen, und betont mit dieser Altruismus herauskehrenden Begründung doch nur, dass sie auf ihren natürlichen Anspruch, ein eigenes Leben zu haben, verzichtet und das Lebensschema der ausnutzbaren Tochter übernommen hat. Sie ist ein Arbeitstier geworden, das unter dem Entzug karitativen Arbeitszwanges leidet; im scheinbar Sinnhaften und Selbstverständlichen ihrer Suche nach neuer Tätigkeit liegt immer auch das negative, wiederum pathologische Moment, dass sie damals ihrer Liebe, also auch ihrer selbst entsagt hat und in eine eigentümliche Atemlosigkeit von Lebensunglück hineingeraten ist. Ibsen will es wohl symbolisch verstanden wissen, dass sie aus ihrer Vernunftehe keine Kinder hat; ob die Wiederbegegnung mit Krogstad versäumtes Glück und weggeschobene Selbstbestimmung nachholen lassen wird, gehört zu den Interpretationsproblemen des Stückes. Wie Krogstad, so ist diese Christine Linde jedenfalls einer der von außen kommenden Beweger des Prozesses zwischen Helmer und Nora und in Nora selber; die beiden Faktoren, mittels deren sie ihn mitbewegt, sind ihre Neugier als Kompensation vorenthaltenen Lebens und ihre geschäftige Bereitschaft, Nora zu helfen, eine Bereitschaft, in der sich freilich auch ein Stück Eigeninteresse verbirgt.

Nora – Ibsen scheint während der Entstehung des Stückes mit dieser Figur umgegangen zu sein wie mit einem wirklich lebenden Gegenüber. Eine solche Beziehung zu einer erdachten Person findet sich bei Schriftstellern, besonders Dramatikern nicht selten; hier bedeutet sie stärkste Sympathie mit einem Schicksal, das die Luxusvariante sozialer Beschädigung der Frau darstellt. Es ist schon dem norwegischen Titel *Et dukkehjem* als Inhaltskürzel einbeschrieben: Das Schicksal, zu einer Puppe gemacht zu werden. Eine Puppe, niederdeutsch Docke, ist eine an sich leblose, dinghafte Nachbildung der menschlichen Gestalt; Leben wird ihr nur verliehen durch Projektion ihres jeweiligen Besitzers oder Benutzers, sei es das naiv spielende Kind oder der bewusst mit ihr hantierende Spieler auf der Marionettenbühne. Ibsen greift das Wort auf aus einem verbreiteten metaphorischen Gebrauch, seiner Übertragung auf den Menschen selber, vor allem auf Frauen und Kinder und der darin mitgegebenen Herabsetzung zum schönen, aber manipulierbaren Spielwerk; ein Wortgebrauch, der der bei Helmer anzutreffenden Übertragung von Tiernamen wie Lerche oder Eichhörnchen auf die eigene Frau nicht fernsteht und im Grunde derselben Sphäre kitschig kosender Demonstration von männlicher oder elterlicher Herrschaft angehört. Worin Nora Puppe ist, zeigt sich schon in ihrem ersten Auftritt mit Helmer, also in den Anfangspassagen des Stückes: in einer automatisiert holden Reaktionsbereitschaft gegenüber dem rituellen Überlegenheitsgebaren des Mannes, einer stereotyp wirkenden, Schwäche hervorkehrenden Weiblichkeit, die wie von Helmer erfunden und zu seiner Bestätigung aufgesetzt scheint. Wie sie, Nora, aber zur Puppe geworden ist, gehört schon in ihre Kindheitsgeschichte, und bei deren Rekonstruktion werden wieder gestrichene Stellen aus der ersten vollständigen Niederschrift wichtig. Es war der Vater, der Nora zur Puppe gemacht und als Puppe behandelt hat, Helmer ist später nur an seine Stelle gerückt; beide sind darin allerdings bloß Agenten viel allgemeinerer, mächtigerer Erziehungsprinzipien, von Prinzipien weiblicher Sozialisation und Domestikation, die die Vorenthaltung von Selbstmächtigkeit zum Ziel oder zur Folge haben. »Als ich ein kleines Mädchen von vier, fünf Jahren war«, erinnert sich Nora Helmer gegenüber in der ersten vollständigen Niederschrift, »sagte Papa, ich sei merkwürdig versessen darauf, französisch zu lernen; da ließ er mich lange Stücke auswendig lernen; später sagte er, ich hätte eine so seltene Begabung zum Verseschreiben, und so machte ich viele Verse. Doch ich war weder versessen drauf, französisch zu lernen noch Verse zu machen; ich glaubte es aber, weil Papa es gesagt hatte. Dann erzählte er mir, seine altmodischen Schränke und lederbezogenen Stühle mit den hohen Lehnen seien die schönsten; und da fand ich es auch. Dann sagte er, seine hohe weiße Halsbinde und der Stock mit dem goldenen Knopf gäben einen vornehmen Anstrich und da fand ich es auch. Papa teilte mir« – und von hier an steht das mit fast denselben Worten auch in der endgültigen Fassung – »alle seine Ansichten mit, und so hatte ich dieselben Ansichten; war ich aber einmal anderer Meinung, so behielt ich es für mich; denn es wäre ihm nicht recht gewesen. Er nannte mich seine Puppe und spielte mit mir, wie ich mit meinen Puppen spielte« (vgl. Nachgelassene Schriften, Bd. 3, S. 159). Helmer hat dann die väterlichen Vorlieben, in denen sich ja ein Teil der im 19. Jahrhundert gängiger Dressur höherer Töchter abzeichnet, nur durch seine eigenen ersetzt; das zugrunde liegende Autoritätsverhältnis blieb dasselbe. »Du sahst es ungern«, sagt Nora zu ihm, »dass ich mich mit dem Französischen beschäftigte, der vielen unmoralischen Bücher wegen; und du hattest es auch nicht gern, dass wir Frauen Verse machten. Aber du liebtest Musik, und dann wünschtest du, ich sollte Monologe deklamieren, die wir im Theater gehört hatten und ich sollte mich in malerische Kostüme stecken. Du richtetest unser Haus nach deinem Geschmack ein, und so bekam ich denselben Geschmack, – oder ich tat nur so, ich weiß es nicht mehr recht; es war wohl auch beides: Bald so und bald so« (vgl. Nachgelassene Schriften, Bd. 3, S. 159).

Freilich wird hier auch das Problem sichtbar, mit Hilfe welcher ihr innewohnenden noch ungebrochenen Kraft diese Nora ihre Loslösung aus der Abhängigkeit von Vater und Mann, aus ihrem Abgerichtetsein zur Puppe der Männer betreiben kann. Dass sie schon beim Betreten der Bühne, schon in Gestalt der Puppe, als die sie sich von Helmer behandeln lässt, eine Art Distanz zu ihrem Puppenstatus haben muss, ist unabweisbar; es muss eigentlich schon dieselbe Distanz mit ihrer Klarheit von Erinnerung und Selbsterkenntnis sein, aus der heraus sie, wieder in der ersten vollständigen Niederschrift, später zu Helmer sagen kann: »Ihr seid schuld, dass ich mir das Lügen angewöhnt habe, und dass nichts aus mir geworden ist« (vgl. Nachgelassene Schriften, Bd. 3, S. 160), oder in der endgültigen Fassung an derselben Stelle: »Ich lebte davon, dass ich dir Kunststücke vormachte, Torvald« (vgl. Sämtliche Werke, Bd. 6, S. 368). In der früher angeführten Projektskizze vom 19. 10. 1878 stellt Ibsen dem Autoritätsglauben das natürliche Gefühl gegenüber und konstruiert aus ihrem Widerstreit Noras noch tragisch gemeinte Verwirrung (vgl. S. 14), aber was dieses so deutlich an Weiblichkeitsstereotypen der bürgerlichen Gesellschaft erinnernde natürliche Gefühl sein soll, bleibt offen. Ausgerechnet dort, wo Nora zum ersten Mal ganz von unmittelbaren Regungen erfüllt scheint: Als Mutter angesichts ihrer Kinder, die vom Schlittenfahren kommen, nach der gebräuchlichen Zählung im neunten Auftritt des ersten Aktes, greift sie selber in ihren Koseworten zu der Puppen-Schablone, die ihr aufgeprägt worden ist, gibt also bewusstlos weiter, worunter sie selbst leidet. Es muss die Aufgabe einer genauen Analyse der Handlung sein, die von Ibsen in sie hineingelegte Möglichkeit von Selbstbefreiung aufzudecken. Immerhin ist sie die einzige Person des Stückes, die an seinem Ende ein anderes, aus dem Stand der Puppe in den eines wirklichen Menschen übergehendes Leben vor sich hat oder haben könnte. Die neue Verbindung zwischen Christine Linde und Krogstad kann nur eine von zwei unabänderlich Beschädigten sein und von Helmers Fortexistenz ist erst recht keine radikale Wandlung zu erwarten.

Im Ganzen bildet dieses Ensemble von dramatischen Personen eine Miniatur der bürgerlichen Gesellschaft als verfilzt pathologischer. Gerade die Institutionen und Kommunikationsformen, über die sie sich in der zeitgenössischen Philosophie, in ihrer kulturellen Selbstdarstellung abgrenzt und humanistisch verklärt, Freundschaft und Liebe, Ehe und Familie, sind hier verderbt; das Geflecht der wechselseitigen Beziehungen, dessen Dichte man sich am besten grafisch vergegenwärtigt, bekommt den Anschein allseitiger Unentrinnbarkeit (vgl. Abb. S. 31). Ansätze dazu gibt es auch in anderen Stücken Ibsens; für die Struktur dieses Stückes hat es auffällige Konsequenzen. Was sich in seiner Gegenwart abspielt, was Handlung an ihm ist, hat seinen bedingenden Grund und seine auslösende Ursache in einer Vergangenheit weit diesseits des Stückes. Das heißt zunächst, dass die Fälschung der Unterschrift des Vaters, als Nora die Bühne betritt, schon lange zurückliegt und dass die Lebensverhältnisse, in denen die Folgen dieser Fälschung immer größere Macht gewinnen, sich nicht erst während der Handlungsdauer des Stückes ausbilden, sondern ebenfalls schon lange bestehen. Die Lebensabrisse, die Ibsen den Figuren in zerstreuter, vom Zuschauer oder Leser erst wieder aus den Bruchstücken zusammenzusetzender Form mitgibt, machen ja eine geltende sittliche Ordnung sichtbar, nicht nur zwischen den Geschlechtern, sondern zwischen den Menschen überhaupt: Eine schlechte Ordnung, aber eben eine geltende, mit einem bestimmten positiven Recht ausgestattet und, so bei Helmer, sich in einem bestimmten abstrahierenden Rechtsdenken äußernd. Entscheidend dann für die Struktur des Stückes, wie beides, Noras weit zurückliegende Fehlhandlung und die ihre Folgen verstärkende patriarchalische Ordnung, in der Gegenwart des

Beziehungen der Hauptpersonen zueinander

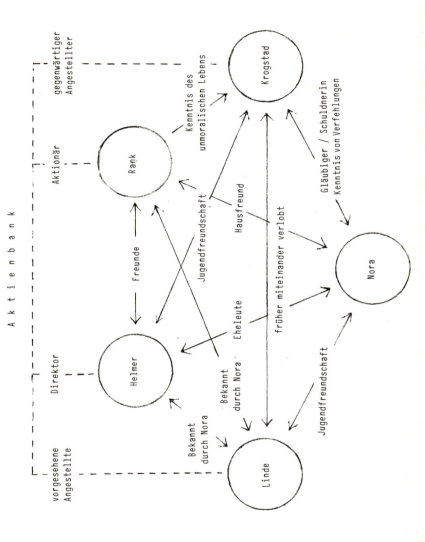

Stückes Platz greifen. Sie werden Schritt für Schritt aufgedeckt, und dieses Aufdecken, zugleich ein Ans-Licht-Ziehen und ein Zerlegen in Fakten, Antriebe und Bedingungen, ist der eigentliche Inhalt des Stückes; in dramentechnischer Terminologie ausgedrückt eine retrospektive Analyse. Dabei bleibt zu beachten, dass diese retrospektive Analyse nicht etwa die Absicht oder eine Art Programm von einzelnen oder allen Figuren ist. Obwohl sie ohne die Neugier der Frau Linde, ohne Krogstads Bereitschaft, auszupacken und ohne Noras Drang, ihr Geheimnis loszuwerden, nicht in Gang käme, erscheint sie als ein von diesen subjektiven Triebkräften unabhängiger Vorgang, vergleichbar einem unaufhaltsamen Selbstlauf der Wahrheit. Reflektiert wird das, was sich in ihr abspielt, innerhalb des Stückes denn auch erst am Schluss, in Noras großer Abrechnung mit Helmer.

Ibsen hat Form und Technik der retrospektiven Analyse nicht erfunden. Sie tritt schon im griechischen Drama auf, so bei der Dramatisierung des Ödipus-Mythos durch Sophokles; im deutschen Drama hat sie ihre reinste, in wörtlichem Sinne prozesshafte Ausprägung in Heinrich von Kleists Lustspiel *Der zerbrochne Krug*. Auch in diesen wie überhaupt in allen Stücken, die retrospektiv analytisch verfahren, ist Handlung dann aber im Wesentlichen eine in Sprache, in das Reden der Figuren verlagerte, nicht in große theatralische Aktionen. Sie wären in einer derartigen Verlaufsstruktur kaum von Nutzen, weil sie zur Analyse von zeitlich Zurückliegendem, zur Aufdeckung einer dort verborgenen Wahrheit wenig beitragen können. Zur Konzentration auf Handlung in und durch Sprache kann gehören, dass kein Orts- oder Szenenwechsel stattfindet. Kleists *Zerbrochner Krug* spielt durchweg in derselben Gerichtsstube; hier, bei Ibsen, ist es ein und derselbe Raum in Helmers Wohnung. Dennoch enthält diese Kargheit der Szene theatergeschichtliche Neuerungen.

2.2 Bühne und Bühnenanweisungen

Liest man klassische Dramen und Dramen der nachklassischen Jahrzehnte, dann fällt die Dürftigkeit der Bühnenanweisungen auf. Sie umfassen oft nur Stichworte. Über dem Eingangsmonolog Fausts im ersten Teil der Tragödie steht die Anweisung »In einem hochgewölbten, engen gotischen Zimmer«, über dem ersten Akt von Schillers Trauerspiel *Kabale und Liebe* nur »Zimmer beim Musikus«, vor Kleists *Zerbrochnem Krug*, wie schon angeführt, lapidar »Scene: Die Gerichtsstube«. Wie die Bühne daraufhin eingerichtet wurde, war dem Gutdünken oder der Einbildungskraft der Prinzipale überlassen. Vielleicht waren in den knappen Anweisungen von vornherein zeitgenössische Theaterverhältnisse mitbedacht: die großen Unterschiede in aufbietbarer Bühnentechnik und verfügbaren Requisiten, vor allem bei den noch wandernden Schauspieltruppen. Auf ihren Bühnen genügte notgedrungen die Andeutung einer Szene. Zeugnisse solcher mehr improvisierenden, mit wenigen, zeichenhaften Versatzstücken auskommenden Theaterpraxis sind erhalten.

Aber die Rücksicht auf begrenzte Möglichkeiten der Theater ist sicher nicht der

Hauptbeweggrund der Dramatiker bei ihrer Sparsamkeit mit Bühnenanweisungen gewesen. Es drückt sich in ihr noch ein anderes, früheres Verhältnis zu den sinnlich-gegenständlichen Inhalten der menschlichen Lebenswelt aus, den naturhaften und den von Menschen hervorgebrachten, als es im späteren 19. Jahrhundert besteht. Vor allem kennt die dramatische Fantasie, von einzelnen Vorausnahmen wie bei Schiller abgesehen, noch nicht das Phänomen einer immer massierteren Gegenwart der Dinge, das innerhalb der nächsten Jahrzehnte in die Erfahrung zu dringen beginnt und über sie im Gefolge der realistischen Tendenzen auch in die Künste. Historisch gesehen macht sich in ihm das schnelle Anwachsen der industrietechnisch hergestellten Wirklichkeit bemerkbar, Resultat der sprunghaften Entfesselung der Produktivkräfte, die für das 19. Jahrhundert so charakteristisch ist; unabweisbar auch, dass die stürmische Entwicklung der Wissenschaften mit den durch sie ausgeworfenen Massen neuer, selber eigentümlich dinghaft erscheinender Kenntnisse, Daten und Fakten zu ihm beiträgt. Für die Zeitgenossen hat dieser Vorgang zwei Gesichter. Der Mensch erfährt sich im Anwachsen der Dingwelt als vergegenständlichter, kann sich dabei aber als in seinen Fähigkeiten entbundener oder in die Dinge hineingebannter, von ihnen gefesselter erblicken. Unter den Theorien, die im Laufe des Jahrhunderts zur neu und schärfer wahrgenommenen Gesellschaftlichkeit des Menschen aufgestellt werden, ist besonders weittragend die von der Bedingtheit seines Handelns durch sein soziales Milieu; verbunden mit der Erfahrung des zunehmenden Drucks der Dinge wird diese Theorie bald selber zu einer Quelle ästhetischer Konzeptionen von sozialer Wirklichkeit, besonders für dramatische. Ibsen, und auch das gehört zu seinem Rang, hat diesen Prozess der erkenntnishaften Verdeutlichung des Menschen im Sichtbarmachen von Milieus und Interieurs, seiner mit Dingen vollgestellten Gehäuse entscheidend vorangetrieben. Bei ihm haben die naturalistischen Bühnenanweisungen mit ihrem Detailrealismus und ihrer Neigung, poetisierendes Teilstück des Dramas zu werden, angeknüpft.

In den Bühnenanweisungen der ersten, noch in Norwegen geschriebenen Dramen zeigt sich wenig Auffälliges. Sie haben als Schauplätze Straßen, Säulengänge, Veranden, nordische und südliche Landschaften; kaum etwas davon ist näher gekennzeichnet. Allenfalls in den nationalromantischen Stücken wie den *Helden auf Helgeland* tritt ein Zug zur Dingrealistik hervor; er wird ausgelöst durch die Notwendigkeit, frühgeschichtliches Leben durch historisierende Kostümtreue zu veranschaulichen. Dem entspricht in Deutschland der wenig später entwickelte, die Wirkungsbreite der neuen Geschichtswissenschaft mitbezeugende historisch-realistische Aufführungsstil des Meininger Hoftheaters. Eine ganz neue, auf perfekt realistische Bühnenillusion zielende Qualität bekommt die Bühne Ibsens, das heißt auch ihre Bühnenanweisung dann aber mit dem Einsetzen der gegenwartskritischen Dramatik, deutlich zuerst in den *Stützen der Gesellschaft*, also in der zweiten Hälfte der siebziger Jahre. In diesem Stück wird die Bühne nicht nur architektonisch bis ins Kleinste gegliedert und in Materialcharakteren festgelegt, etwa in der Vorschrift, daß die Wand im Hintergrund »fast ganz aus Spiegelglas« bestehe und eine breite Terrasse, auf die man durch eine offene Tür gelange, von einem »Zeltdach« überspannt sei: zugleich soziale und psychologische Vorausbestimmungen der dramatischen Handlung; auf der Bühne befindet sich unter dem Programm vollständiger Illusion auch ein Zusammenhang von Dingen, den der Zuschauer, zumal der auf den hinteren Plätzen, in manchen seiner Einzelheiten eigentlich nicht mehr wahrnehmen und verstehen kann, wenn er nicht vorher die Bühnenanweisung studiert hat. So steht auf einem kleinen Tisch neben zwei Blumentöpfen ein Glas Zuckerwasser; ein Buch, aus dem vorgelesen wird, hat Goldschnitt. Es ist fast eine ganze Textseite, die die Beschreibung des Bühnenaufbaus, das Vermerken solcher Details sowie die Postierung der anfangs auf der Szene anwesenden Personen einnehmen, und in diesem Verklammern von Personen und sinnbildhaltiger Bühnenumwelt erscheint ein dramaturgisches Moment, das über die bloße Herstellung perfekter realistischer Bühnenillusion hinausgeht. Personen, aufgegliederter Raum und Requisiten, Menschen und Dinge beginnen einander zu vertreten und auszudrücken, aber auf Kosten der Selbstmächtigkeit der auftretenden Menschen, und ebendiese Konzeption ist der unmittelbare Vorläufer für Bühne und Bühnenanweisungen in *Nora*. Im norwegischen Titel *Et dukkehjem* wird das von vornherein sinnfälliger als im geläufigen deutschen. Noch eine andere dramaturgische Besonderheit aus den *Stützen der Gesellschaft* wird in *Nora* wieder aufgegriffen, ja bekommt in ihr ein noch größeres Gewicht: die strikte Wahrung der Einheit des Ortes. Der Schauplatz bleibt alle drei Akte hindurch derselbe; was sich ändert, betrifft nur dingliche Details. Aber diese Änderungen im Detail sind vielsagend, weil sich in ihnen Beziehungen der Personen zueinander mitausdrücken und Tendenzen der dramatischen Situation anzeigen.

Für die Analyse der sinnbildlichen Aspekte des Bühnenbildes, wie es aus der Bühnenanweisung zu Anfang des ersten Aktes resultiert, wird einer der Sätze Noras aus ihrer Abrechnung mit Helmer wichtig. In der ersten vollständigen Niederschrift sagt sie: »Du richtetest unser Haus nach deinem Geschmack ein, und so bekam ich denselben Geschmack« (vgl. Nachgelassene Schriften, Bd. 3, S. 159) – was der Zuschauer sieht, wenn der Vorhang aufgeht, ist also der zum Interieur geronnene Geschmack Helmers. Ebenso wichtig für die Analyse ist, dass die Bühnenanweisung der endgültigen Fassung sich erst in mehreren Stufen ausgebildet hat und dass die Rekonstruktion dieses Entstehungsprozesses auf sinnbildliche Bezüge aufmerksam macht, die man sonst übersehen könnte. Am Anfang hat danach die Vorstellung eines Innenraums mit zwei Ausgängen gestanden, in den der Zuschauer wie durch eine weggehobene Wand hineinblickt; eine der Türen führt über einen Vorraum nach draußen, in die Außenwelt – es ist die Tür, durch die Nora am Ende fortgeht –, die andere führt in das von Nora während des ganzen Stückes nicht ein einziges Mal betretene Machtzentrum der Wohnung, Helmers Bureau. In den ersten Aufzeichnungen aus Rom, die außerdem nur noch einen Hinweis auf den sozialen Status der Wohnung und auf die Jahreszeit bringen, ist dieser Gegensatz schon als die Hauptsache im Aufbau der Szene fixiert: »Ein gemütlich, doch prunklos eingerichtetes Zimmer. Eine Tür rechts im Hintergrunde führt zum Vorzimmer; eine zweite Tür links im Hintergrunde führt zu dem Zimmer oder Bureau des Hausherrn, das sichtbar wird, sobald die Tür sich öffnet. Feuer im Kachelofen, Wintertag« (vgl. Nachgelassene Schriften, Bd. 3, S. 78). Innenraum ist dieses dem bürgerlichen Salon vergleichbare Zimmer aber deswegen in besonderem Sinne, weil ihm in dieser anfänglichen Disposition natürliches Licht fehlt. Von einem Fenster oder Fenstern ist weder hier noch in der detaillierteren Bühnenanweisung der ersten vollständigen Niederschrift die Rede, und als in der endgültigen Fassung eines auftaucht, gerät es zur Raumlogik der Bühneneinrichtung in Widerspruch. Davon später. Zunächst wird in der ersten vollständigen Niederschrift der Raum mit den Türen in der linken und rechten Seitenwand weiter aufgegliedert und ein Teil des Mobiliars festgelegt. Die Bühnenanweisung lautet jetzt: »Ein gemütlich und geschmackvoll, aber nicht luxuriös eingerichtetes Zimmer. Rechts im Hintergrund führt eine Tür in das Vorzimmer; eine zweite Tür links im Hintergrund führt in Stenborgs Arbeitszimmer. In der Mitte der linken Wand Tür zum Kinderzimmer; im Vordergrund auf derselben Seite Sofa, Tisch und Lehnstühle. An der rechten Wand weiter zurück eine Tür und mehr nach vorn ein weißer Kachelofen, vor dem ein paar Lehnstühle und ein Schaukelstuhl stehen. Wintertag. Teppich durchs ganze Zimmer. Im Ofen ein Feuer« (vgl. Nachgelassene Schriften, Bd. 3, S. 84). Es ist deutlich, dass das Sitzmobiliar, in einem Gesellschafts- oder Konversationsstück unabdingbare Ausstattung, die Bedürfnisse der Familie übersteigt. Darin wird wohl ebenso Helmers Selbsteinschätzung, sein Anspruch auf großen Umgang wie der Mangel an wirklicher Kommunikation im eigenen Hause sichtbar gemacht: Das ganze Stück hindurch kommt es nicht zu einer großen versammelten Runde, die doch in der Zweckbestimmung von so vielen Stühlen und einem Sofa zu liegen scheint. Sie werden immer nur partiell genutzt, und als das erste und einzige unverstellte Gespräch stattfindet, im dritten Akt zwischen Nora und Helmer, ist laut Bühnenanweisung – ein Fingerzeig, dass Ibsen Aufstellung und Handhabung dieses Mobiliars mit Bedeutung versehen will – der Sofatisch mit den Stühlen mitten ins Zimmer gerückt. Aber auch an den Kachelofen und das in ihm brennende Feuer heftet sich szenische Fantasie. Er ist nicht bloß einfaches Sinnbild für häusliche Behaglichkeit, sondern tritt immer wieder zu einzelnen Personen in charakteristische Beziehungen. Helmer z. B. setzt oder stellt sich vor ihn, das erste Mal, als Nora ihm gestanden hat, dass sie mit Krogstad gesprochen habe; dabei sagt er nach ein paar Vorhaltungen in völliger Verkennung der Situation: »Ah, wie warm und gemütlich es hier ist«. Das zweite Mal, als Nora die Tarantella tanzt und er fortwährend korrigierende Bemerkungen an sie richtet: er posiert vor der künstlichen Wärme, als sei sie für sein Familienbild und den darin liegenden Herrschaftsanspruch die Beglaubigung (vgl. Sämtliche Werke, Bd. 6, S. 312 bzw. 343). Auch Rank setzt sich an den Ofen, aber er tut es aus demselben Grunde, aus dem er an ihm auch seinen Pelz wärmt: Etwas von der Wärme, die für ihn immer auch ein Stück Nora ist, in seinen physischen Verfall herüberzuretten (vgl. Sämtliche Werke, Bd. 6, S. 328 bzw. 300). Aber schon für Nora ist der Ofen ein eher psychisch fungierender Wärmespender. Sie geht zu ihm, als Helmer ihr die ersten Vorwürfe wegen finanzieller Leichtfertigkeit macht, und sie sieht nach dem Feuer, als Krogstad bei Helmer vorsprechen will und sie befürchten muss, dass ihre Geschäfte mit ihm offenbar werden (vgl. Sämtliche Werke, Bd. 6, S. 279 bzw. 296). Ohne dass es ihr in diesem Augenblick schon ganz bewusst zu sein braucht, charakterisiert sie ihre Wohnung, das scheinbar behagliche Heim damit als kalte, lebenshemmende Höhle.

Die Bühnenanweisung der endgültigen Fassung detailliert das Interieur weiter. Der Teppich »durchs ganze Zimmer« in der ersten vollständigen Niederschrift hat an den bürgerlichen Wohnungseinrichtungen des 19. Jahrhunderts gemessen einen Stich ins Extravagante; was jetzt hinzukommt, entspricht dem Einrichtungsstil und den Einrichtungsmöglichkeiten des gehobenen Mittelstands. Die neue Fassung lautet: »Ein gemütlich und geschmackvoll, aber nicht luxuriös eingerichtetes Zimmer. Rechts im Hintergrund führt eine Tür in das Vorzimmer; eine zweite Tür links im Hintergrund führt in Helmers Arbeitszimmer. Zwischen diesen beiden Türen ein Pianino. Links in der Mitte der Wand eine Tür und weiter nach vorn ein Fenster. Nahe am Fenster ein runder Tisch mit Lehnstühlen und einem kleinen Sofa. Rechts an der Seitenwand weiter zurück eine Tür und an derselben Wand weiter nach vorn ein Kachelofen, vor dem ein paar Lehnstühle und ein Schaukelstuhl stehen. Zwischen Ofen und Seitentür ein kleiner Tisch. An den Wänden Kupferstiche. Eine Etagere mit Porzellan und anderen künstlerischen Nippessachen; ein kleiner Bücherschrank mit Büchern in Prachteinbänden; Teppich durch das ganze Zimmer. Im Ofen ein Feuer. Wintertag« (vgl. Sämtliche Werke, Bd. 6, S. 277). Am deutlichsten wird das historisch Typische im Pianino, einem kleineren Klavier. Es ist insofern von der Handlung gefordert, als Rank auf ihm Noras Tarantella begleitet, aber zugleich umschreibt es eine ganze Prätention auf Gegenwart von Kunst, Bildung, höherem Leben. Bis in das 20. Jahrhundert hinein hat in der bürgerlichen Familie das Klavier diese Geltung gehabt, nicht zuletzt am Weihnachtsabend beim Zelebrieren der Weihnachtslieder und als Stellfläche für die zeremoniösen Familienfotografien. Ein großer Teil des Erziehungsprogramms für höhere Töchter, ihre Heranbildung zur Heiratsfähigkeit diente der Erlernung des Klavierspiels, auch wenn die Tortur des Unterrichts, Talent vorausgesetzt, nicht weiter führte als bis zur Beherrschung von Zugnummern wie den »Klosterglocken« oder dem »Gebet einer Jungfrau« der Tekla Badarzewska-Baranowska – Rilke hat in seinem Gedicht *Übung am Klavier* ein poetisches Denkmal dieser Seite weiblichen Lebens hinterlassen. Es ist der Schöngeist Helmer, seine Machtstellung ästhetisch abpuffernder Hausherr, der sich in der zentralen Postierung dieses Pianinos ausspricht, und auf ihn verweisen auch die Kupferstiche, das Porzellan und die Prachteinbände der Bücher. Aber Kupferstiche sind keine übermäßig kostspieligen Objekte – in der deutschen Wohnung gab es an ihrer Stelle Karl Bauers beliebte Lithographien von Schiller und Goethe – und der Bücherschrank ist klein: Helmers Mittel waren begrenzt, und deshalb konnte sein Geschmacksbedarf nur nach leichter Erschwinglichem greifen. Bleibt das neu hinzugefügte Fenster. In die Handlung einbezogen wird es dadurch, dass Frau Linde sich zweimal in Momenten der Rückerinnerung an ihr früheres Leben zu ihm hinwendet, aber das macht wieder auf seine raumlogische Deplatziertheit aufmerksam. Neben ihm in derselben Seitenwand führt ja eine Tür ins Kinderzimmer; kaum denkbar unter Maßgabe eines realistischen Bühnenaufbaus, dass man durch dieselbe Wand auch nach draußen sehen können soll. Dennoch dürfte Ibsen mit diesem einen Fenster gerade den Blick nach draußen gemeint haben: In der richtigen Wahrnehmung, dass er das Puppenheim Helmers anfangs als lichtlosen Innenraum vorgestellt hat, und in der Absicht, diese anfängliche, an sich großartige aber unkonventionelle Raumidee abzuschwächen. Zu erkennen ist sie freilich auch dann noch. Im übrigen gehören die Kupferstiche wieder zu den dinglichen Elementen, über deren genaue Beschaffenheit der Zuschauer sich nicht durch Augenschein im Theater, sondern bloß durch Lektüre der Bühnenanweisung unterrichten kann.

Das auffälligste Dingsymbol des Stückes, der Weihnachtsbaum, ist in der vorangestellten Bühnenanweisung noch gar nicht enthalten. Er wird am Anfang des ersten Aktes von einem Dienstmann hereingebracht und sofort wieder vor den Kindern versteckt. Als Nora ihn zu schmücken anfängt, hat sich die Situation schon so weit zugespitzt, dass er nur noch Zeichen der Unmöglichkeit eines naiv familienseligen Weihnachtsfestes sein kann; zu Beginn des zweiten Aktes steht er dann in der Ecke beim Klavier »geplündert, zerzaust und mit herabgebrannten Lichtern; Noras Hut und Mantel liegen auf dem Sofa«. Der Heilige Abend hat stattgefunden, aber nicht vor dem Zuschauer: Was er zu sehen bekommt, ist das Symbol des Festes in seinem Aufgebrauchtsein, Vorgriff auf das Auseinanderfallen der Familie. Der Baum ändert also im Laufe des Stückes seine Bedeutung; hinter der ersten erscheinen andere. Er ist darin aber nur ein besonders plastisches Beispiel für Ibsens allgemeinen und hintersinnigen Umgang mit der Dingwelt. Sie hat in allen späteren Stücken ihre zugleich stumme und sprechende Gegenwart, aber die Aspekte, die sie im Beziehungsfeld zwischen Menschen und Dingen annimmt, werden erst durch die Handlung festgelegt.

2.3 Handlung. Wort- und Sacherklärungen

Ibsen hat *Et dukkehjem* nur in Akte, nicht in Szenen gegliedert. Schon die erste deutsche Übersetzung, 1879 von Wilhelm Lange in Reclams Universal-Bibliothek herausgebracht, ist davon abgewichen. Sie gliederte, wahrscheinlich aus theater- und lesepraktischen Erwägungen, die Akte in Auftritte, brauchte dabei aber bloß die im Stück angelegte Substruktur von Szenen hervorzuheben. Trotz ihrer sprachlichen Schwächen ist diese Übersetzung alsbald von Ibsen autorisiert worden; sie hat dann in ihrem ursprünglichen Text und in nachbessernden Bearbeitungen dem größeren Teil der deutschsprachigen Aufführungen zugrunde gelegen. Die folgende Handlungsübersicht geht deshalb von ihr aus.

1. Akt

1. Auftritt

In Helmers Wohnung vor dem Weihnachtsabend. Nora kommt mit einem Dienstmann, der den Baum trägt, von Weihnachtseinkäufen zurück. Helmer empfängt sie mit Kosenamen, die dem Tierreich entnommen sind, zugleich hält er ihr leichtsinnigen Umgang mit Geld vor. Er erblickt darin das zweifelhafte Erbe ihres Vaters. Nora rechtfertigt ihre Ausgaben mit Helmers neuer Stellung als Bankdirektor, scheint aber sonst dem von Helmer unterstellten Charakter zu entsprechen. Sie wiederholt nicht nur die sie verkleinernden und possierlich machenden Kosenamen; ihr Weihnachtswunsch besteht wieder in Geld. Ohne Zögern sagt sie die Unwahrheit, als sie nach dem Verzehr von Makronen gefragt wird. Die Szene exponiert Helmers patriarchalische Selbstgefälligkeit und Noras Anpassung; sie deutet aber auch schon darauf hin, dass der Vorwurf der Verschwendung Nora nicht wirklich trifft. Von ihr selber kommt der erste, für Helmer ganz unverständliche Hinweis, dass er nur wissen sollte, wie viele Ausgaben die Lerchen und Eichkätzchen hätten. Damit ist der Punkt bezeichnet, über den die Vorgeschichte hereinbrechen und das falsche Weihnachts- und Familienglück der Helmers zunichte machen wird.

Öre: Norwegische kleine Währungseinheit, ein Hundertstel der Krone.
Makronen: Gebäck aus Mandeln, Zucker und Eiweiß. Sein von Helmer nicht gewünschter und von Nora verleugneter Genuss ist der erste Hinweis auf einen in ihr wirkenden, von Helmer nicht auszuräumenden und von ihr selber noch nicht begriffenen sinnlichen Widerstand. Das Makronenessen taucht deshalb in einer späteren Szene von neuem auf.

2. Auftritt

Das Hausmädchen meldet die ihm unbekannte Frau Linde und Doktor Rank, der schon in Helmers Zimmer gegangen ist. Helmer geht deshalb auch in sein Zimmer.

3. Auftritt

Nora im Gespräch mit der Schulfreundin Christine Linde. Es deckt einen kleinen Teil der Vorgeschichte auf und scheint dabei negative Züge in Noras Charakter zu bestätigen. Frau Linde ist nach dem Tode ihres wirtschaftlich ruinierten Mannes und ihrer kranken Mutter in die Stadt gekommen um Arbeit zu finden; als sie vom Aufstieg Helmers erfährt, hofft sie, dass Nora sich bei ihm für sie verwenden werde. Gegenüber der scheinbar Naiven, vom Glück Begünstigten stellt sie sich dar als lebensklug Desillusionierte, früh Gealterte; Helmers Meinung, Nora sei eine Verschwenderin, wird aus ihren Erinnerungen heraus bekräftigt. Die Ausbreitung ihrer Leiden bringt Nora freilich dazu, von Helmers Krankheit und ihren schwierigen Folgen zu berichten. Dabei behauptet sie zunächst, das nötige Geld zur Behandlung von ihrem Vater bekommen zu haben, lässt seine wirkliche Herkunft aber auch dann im Dunklen, als sie die erste Version berichtet. Je mehr sie versucht eigene Leidenserfahrungen und eigenes Selbstbewusstsein zu artikulieren, desto zweifelhafter wird für Frau Linde die Herkunft des Geldes. Vor allem kann sie nicht begreifen, warum Nora ihren Mann im Unklaren gelassen hat. Deutlich wird demgegenüber, dass Noras Verhalten von einer Glückserwartung bestimmt gewesen ist, die sich auf die Liebe zu Mann und Kindern gründete und deshalb ohne Reflexion und Rechtfertigungszwänge auskommen konnte.

Taler: Speziestaler zu vier Kronen.

4. Auftritt

Krogstad wird angemeldet; er will seine von Helmer vorgesehene Entlassung verhindern. Damit beginnen verdeckt gewesene dramatische Faktoren wirksam zu werden: Krogstads Jugendbekanntschaft mit Helmer und sein jetziger Status als Helmers Untergebener, sein früheres Verhältnis zu Frau Linde, die jetzt seine Konkurrentin ist, und seine Geldgeschäfte mit Nora.

5. Auftritt

Frau Linde hat den einen Augenblick lang unter der Tür des Vorzimmers stehenden Krogstad bemerkt; sie deutet Nora an, dass sie ihn früher näher gekannt habe. Die Veränderungen in seinem Erscheinungsbild erklärt Nora durch sein unglückliches Leben, während Frau Linde die Gerüchte von unsauberen Geldgeschäften damit in Verbindung bringt. Dies muss Nora auch auf sich selber beziehen; sie versucht deshalb, Frau Linde von Krogstad abzulenken.

6. Auftritt

Nora macht Frau Linde mit dem aus Helmers Bureau gekommenen Doktor Rank bekannt. Auch Rank belastet Krogstad, scheint aber den Prozess fortschreitender innerer und äußerer Bedrohung Noras aufzuhalten, indem er auf Krogstads Tätigkeit in der Bank zu sprechen kommt. In Krogstads künftiger Abhängigkeit von ihrem Mann erblickt Nora die Behebung aller von ihm ausgehenden Gefahr. In ihrem Überschwang bietet sie Doktor Rank eine der vor Helmer verheimlichten Makronen an, dies freilich unter der riskanten Unwahrheit sie habe sie von Frau Linde geschenkt bekommen; zudem erleichtert sie sich zum Entsetzen der beiden anderen durch einen grob unfraulichen Fluch.

    Wörtlich übertragen lautet der bei Ibsen stehende Fluch etwa »Tod und Marter«. Es ist für Übersetzer schwer einen deutschen Fluch zu finden, der die im 19. Jahrhundert besonders scharf gezogene Grenze zwischen gutem und schlechten Geschmack ebenso vehement durchbricht wie der norwegische. Bei gebräuchlichen Übersetzungen wie »Himmeldonnerwetter« oder »Verflucht nochmal« geht im Übrigen der im Original enthaltene verdeckte Bezug auf Noras Situation verloren.

39

7. Auftritt

Nach Krogstads Abgang erscheint Helmer und wird von Nora ebenfalls mit Frau Linde bekannt gemacht. Nora ergreift die Gelegenheit, um bei Helmer die Anstellung Frau Lindes in der Bank zu erwirken, bereitet damit aber unwillentlich Krogstads wenig später erfolgenden Erpressungsversuch vor.

8. und 9. Auftritt

Das Kindermädchen und die Kinder kommen von einem Spaziergang zurück. Noras Glaube, vor Krogstad gerettet zu sein, äußert sich in enthusiastischer Zärtlichkeit. Die Szene setzt sie mittels dieser selbst kindlich anmutenden Unmittelbarkeitsäußerungen gegen die umgebende Erwachsenenwelt ab, in positivem Sinne dadurch, dass sie als allem egoistischen Kalkül Fernstehende erscheint, in negativem dadurch, dass sie ihren eigenen noch andauernden Status als Puppe unwissend auch ihren Kindern aufdrängt. Selbst die weggeschobene Bedrohung durch Krogstad wird hier auf eine kindliche Erlebensstufe transponiert: Dem Bericht der Kinder, ein großer Hund sei ihnen nachgelaufen, hält sie die Überzeugung entgegen, dass Puppenkinder von Hunden nicht gebissen würden.

10. Auftritt

Krogstad hat auf der Straße Helmer und Frau Linde weggehen sehen; jetzt kommt er zurück um Nora zur Vertretung seiner Interessen zu zwingen. Zwischen beiden wird der bis dahin noch dunkle Teil der Vorgeschichte, Noras Fälschung der Unterschrift ihres Vaters, aufgedeckt; dabei versteht es Krogstad, Noras Hinweise auf seine Abhängigkeit von Helmer gegen sie zu wenden. Sie steht plötzlich als Betrügerin einem früheren Betrüger gegenüber, der ihr die Bedingungen ihres bürgerlichen Überlebens diktieren will. Nicht freilich diese Aufdeckung kriminologischer Aspekte ist der eigentliche Inhalt der Szene, sondern die scheinbar zwangsläufige Entstellung von Noras Beweggründen und die Einengung ihres Handlungsspielraums. Wenn sie Krogstad folgt, müsste sie Christine Lindes Anstellung verhindern; folgt sie ihm nicht, ruiniert sie sich und ihr familiäres Glück. Das von ihr in Anspruch genommene Recht auf Liebe, zugespitzt auf das Recht, ihrem Mann das Leben zu retten, scheint in unversöhnlichen Gegensatz zum bürgerlichen Recht zu geraten. Sie reagiert mit Angst, zugleich macht sie, noch unbewusst, einen ersten Schritt, sich aus ihrer Unmündigkeit zu befreien. Als Krogstad sie dringlich fragt, ob es ihr Vater gewesen sei, der den Schuldschein unterzeichnet habe, bekennt sie sich dazu, selber seinen Namen geschrieben zu haben. Krogstad geht ab mit der Drohung, seine neuerliche Ausstoßung werde ihre eigene zur Folge haben.

11. und 12. Auftritt

Die beiden kurzen Szenen zeigen das Anwachsen von Noras Angst. Sie weist die Kinder zurück, die mit ihr spielen wollen; auch beim Schmücken des Weihnachtsbaumes bleiben ihre Gedanken zwanghaft auf Krogstad fixiert. Ihre Hoffnung richtet sich darauf, durch eine noch intensivere Anpassung an Helmer Schutz zu erlangen. Bei Ibsen schmückt sie den Baum mit Papierblumen. Auch dies bezeichnet ihre Situation genauer als der in Übersetzungen auftretende christliche Stern.

13. Auftritt

Helmer kommt von der Bank zurück; er hat Krogstad weggehen sehen und stellt Nora zur Rede. Als sie abstreitet, dass jemand dagewesen sei, nutzt er diese Unwahrheit, um sie scharf vor Krogstad zu warnen und von neuem auf die Haus- und Eherolle des Singvogels festzulegen. Nora scheint darauf einzugehen und erbittet seine Hilfe bei der Auswahl des Kostüms für die Balleinladung am übernächsten Tag, meint freilich ohne es auszusprechen, die viel umfassendere Hilfe. Gönnerhaft sagt Helmer zu, macht aber schon, als sie Näheres über Krogstads frühere Verfehlungen wissen will, ihre Hoffnungen zunichte. Er verurteilt Krogstad so uneingeschränkt, dass sie daraus auch ihre eigene Verurteilung ablesen kann; in übertragenem Sinne erklärt er sie zur Verderberin ihrer Kinder und kündigt ihr die körperliche Nähe auf. Nora zieht daraufhin ihre ausgestreckte Hand zurück; Helmer geht ahnungslos wieder in sein Zimmer.

14. Auftritt

Nora weist die Kinder, die zu ihr kommen wollen, von neuem ab, diesmal unter der Wirkung von Helmers Schuldzuweisung. In ihrem kurzen Selbstgespräch am Schluss des Aktes macht sie aber einen zweiten Schritt in Richtung auf Selbstbefreiung. Sie will die Verurteilung durch Helmer nicht anerkennen.

2. Akt

1. und 2. Auftritt

Am ersten Weihnachtstag. In ihrer Angst hat Nora Frau Linde aufsuchen wollen, aber nicht angetroffen. Die Kinderfrau bringt die Schachtel mit den Ballkostümen; im Gespräch mit ihr probiert Nora den Gedanken an Kinder ohne Mutter, also die Möglichkeit ihres Weggehens oder ihrer Selbsttötung aus. Als sie im Vorzimmer Geräusche der eben gekommenen Frau Linde hört, glaubt sie, abgeholt zu werden.

3. Auftritt

In Frau Lindes Gegenwart fasst Nora sich wieder. Sie lässt sich von ihr bei der Herrichtung des Ballkostüms helfen und beschreibt die von Helmer gewünschte Tanzeinlage als neapolitanisches Fischermädchen. Frau Linde fragt sie nach Doktor Rank, in dem sie den noch ungenannten Spender des Geldes für Helmers Heilbehandlung vermutet; erst aus Noras Zurückweisung ihrer moralisierenden Neugier schließt sie auf ihr vorenthaltene Geheimnisse. Ihrer Aufforderung, Helmer gegenüber offen zu sein, weicht Nora aus; sie sieht auf einmal die Möglichkeit Rank um Hilfe zu bitten.

4. Auftritt

Fürs erste versucht sie, Helmer, der sich in der Bank Papiere geholt hat, zur Rücknahme von Krogstads Entlassung zu bewegen. Indem sie dabei wechselnd als Eichhörnchen, Lerche und Elfe posiert, macht sie eine inzwischen aufgerissene Distanz zu Rollendiktaten sichtbar. Ihre Ausflucht, Sorge um Helmer treibe sie zu ihrer Bitte, bleibt ohne Wirkung; Helmer unterstellt ihr traumatische Erinnerungen an die Verfehlungen ihres Vaters und an deren Folgen, erklärt sich selber für unangreifbar und deckt die wirklichen Gründe für seine Härte gegenüber Krogstad auf. Er will ihn weghaben, weil er, der Duzfreund aus der Jugendzeit, seine formale Autorität als Bankdirektor gefährden könnte.

5. Auftritt

Um den Vorhaltungen Noras, vor allem dem Vorwurf der Kleinlichkeit durch Machtspruch ein Ende zu setzen, lässt Helmer den Kündigungsbrief für Krogstad durch das Hausmädchen fortbringen.

6. Auftritt

Angesichts von Noras offener Angst vor den Folgen von Krogstads Entlassung erklärt Helmer sich zu ihrem Beschützer, komme was wolle. Er sei stark genug, alles auf sich zu nehmen. Nora glaubt herauszuhören, dass er aus Liebe auch die Verantwortung für die gefälschte Unterschrift auf sich nehmen würde, und wehrt diese Konsequenz ab, wird aber von Helmer nicht verstanden. Zufrieden mit sich geht er in sein Kontor und lässt sie die Tarantella üben.

7. Auftritt

Mitten in Noras Verzweiflung klingelt Rank. Nora hält ihn mit einer neuen kleinen Unwahrheit davon ab zu Helmer hineinzugehen; das Gespräch mit ihm, von dem sie sich entscheidende Hilfe gegen Krogstad erhofft hat, verläuft anders als erwartet. Auf Noras Werben um Kommunikation antwortet Rank zunächst mit der Ankündigung seines physischen Verfalls und bevorstehenden Todes; indem er sich dabei als Opfer der Leichtlebigkeit seines Vaters hinstellt und wegen der daraus entstandenen Benachteiligung bedauert, erotisiert er die Gesprächssituation. Nora passt sich dieser Wendung an bis zur Koketterie mit ihren seidenen Strümpfen, nicht aber, wie ausgelegt worden ist, aus Flatterhaftigkeit, sondern in einem Überspringen von Verhaltensschranken aus Angst. Sie spielt die Verführerin, um Rank für sich zu gewinnen; als Rank daraufhin, selber mitgerissen, ihr seine langandauernde Liebe gesteht, sich also als heimlicher Konkurrent Helmers offenbart, muss sie ihre Bitte um freundschaftliche Hilfe zurückziehen: die psychologisch und moralisch gewagteste Theaterszene ihrer Zeit. Vom Hausmädchen wird Krogstads Visitenkarte gebracht; Nora schickt Rank zu Helmer mit der Bitte ihn in seinem Zimmer festzuhalten.

8. Auftritt

Krogstad ist gekommen, weil er inzwischen den Entlassungsbrief erhalten hat. Er will ihn jetzt nicht nur rückgängig gemacht haben, sondern mit Hilfe seiner Kenntnis von Noras Verfehlung den Aufstieg zur rechten Hand Helmers erreichen. Als er sich keine soziale Distanz mehr aufnötigen lässt, weicht Nora zurück; sie gesteht ein, dass sie an Weglaufen und Selbstmord gedacht habe, versucht vergeblich Krogstad auf die Forderung von Geld hinzulenken, und muss erkennen, dass er sie und Helmer mit ihrem Schuldschein noch über ihr Leben hinaus in der Hand hätte. Sein Druckmittel ist ein an Helmer gerichteter, alles aufdeckender Brief. Damit scheint jede Möglichkeit einer Rettung abgeschnitten.

9. Auftritt

Krogstad geht und wirft seinen Brief in den Briefkasten. Die mit dem reparierten Ballkostüm eintretende Frau Linde entnimmt aus Noras Andeutungen, dass das Geld für Helmer von Krogstad kam; ihre Folgerung, dass Helmer nun alles erfahren müsse, konfrontiert Nora mit dem Geständnis, die Unterschrift ihres Vaters gefälscht zu haben. Sie benennt Frau Linde zur Zeugin dieses Geständnisses für den Fall ihrer Handlungsunfähigkeit; dahinter steht die Absicht, Helmer vor den Folgen seiner großspurig erklärten, von Nora allzu wörtlich genommenen Bereitwilligkeit alles auf sich zu nehmen, über die Zeugenschaft Frau Lindes zu bewahren. Frau Linde will sofort zu Krogstad gehen; sie eröffnet Nora, dass sie früher miteinander versprochen gewesen seien.

10. Auftritt

Während Helmer schon um zu erfahren, was Nora tut, an die Tür klopft, verabreden die beiden Frauen, dass Frau Linde Krogstad dazu bewegen solle, seinen Brief ungelesen zurückzufordern. Nora soll Helmer solange hinhalten.

11. und 12. Auftritt

Nora verhindert das Öffnen des Briefkastens durch die Bitte mit ihr erst noch die Tarantella für den Ballabend zu probieren. Zuerst von Helmer, dann von Rank am Klavier begleitet, tanzt sie mit einer Wildheit, in der ihre Angst sich ebensowohl ausdrückt wie nach Auflösung drängt, die aber von den beiden Männern missdeutet wird. Während Rank in ihr eine Schwangerschaftsexaltation vermutet, fasst Helmer sie als Folge mangelnder Übung und Aufmerksamkeit; selbst die auffälligsten Doppeldeutigkeiten in Noras Reden vermag er nicht wahrzunehmen. Noras Absicht, Zeit zu gewinnen, wird dadurch freilich gefördert; sie nimmt ihm das Versprechen ab mit ihr bis zum letzten Augenblick zu üben und bis dahin keinen

Brief aufzumachen, bittet ihn und Rank zu einem festlichen Essen und lässt sich von Helmer auch wieder bereitwillig auf die Rolle der sanften Lerche festlegen. Frau Linde, die schon während der Tarantellaprobe zurückgekommen ist, unterrichtet Nora davon, dass Krogstad für vierundzwanzig Stunden verreist sei; der zwischen Nora und ihr verabredete Plan einer raschen Rücknahme von Krogstads Brief ist damit hinfällig. Nora hat ihr diese Nachricht schon angesehen und legt den erstrebten Zeitgewinn nur noch als übrig bleibende Lebensfrist aus. In Erwartung des »Wunderbaren«, das heißt eines unbedingten Eintretens von Helmer für sie, will sie sich den Tod geben.

Tarantella: Aus der süditalienischen Provinz Apulien stammender schneller Tanz, meist im ⁶/₈-Takt; der Volksglaube sah ihn durch den Biss der Giftspinne Lycosa tarentula, der Tarantel verursacht. Neuere Untersuchungen der dem stilisierten Volks- und Kunsttanz voraufgehenden Tanzepidemien lassen auf altüberlieferte bewegungstherapeutische Riten schließen. Verschiedentlich ist ein Zusammenhang mit in Süditalien tradierten Resten des altgriechischen Dionysoskultes erwogen worden. Ibsen hat nach Aufzeichnungen seines Freundes Paulsen Literatur zur Tarantella gekannt; es ist als sicher anzunehmen, dass ihre Kenntnis in die Konzeption der Tarantella-Szene eingegangen ist.
Tambourin: Kleine flache, nur einseitig bespannte Handtrommel, meist mit eingelassenen Schellen; wird zur rhythmischen Begleitung von Tänzen geschüttelt oder geschlagen.

3. Akt

1. Auftritt

Etwa dreißig Stunden später; vor Mitternacht des zweiten Weihnachtstages. Während Helmer und Nora auf dem Ball sind, erwartet Frau Linde Krogstad, den sie durch einen bei ihm hinterlassenen Zettel in Helmers Wohnung bestellt hat. Das Gespräch zwischen beiden verläuft anders als am Tage vorher mit Nora verabredet. Christine Linde erklärt Krogstad, warum sie ihrer beider frühere Beziehung habe abbrechen müssen, Krogstad eröffnet ihr, dass er dadurch den Boden unter den Füßen verloren habe. Auf Christines Vorschlag hin entschließen sich beide ein neues gemeinsames Leben zu beginnen: ein in seiner Plötzlichkeit gewaltsamer, aber dramatisch notwendiger Zug. Die Rücknahme des Briefes an Helmer fordert Frau Linde nicht mehr; sie lehnt sogar ein Angebot Krogstads, ihn zurückzuverlangen, ab, weil sie die Aussprache zwischen Helmer und Nora herbeizuführen willens ist. Sie schickt Krogstad fort und wartet auf Helmers und Noras Rückkehr.

2. und 3. Auftritt

Der angetrunkene Helmer bringt die sich sträubende Nora vom Ball zurück; in arrogantem Besitzerstolz beschreibt er Frau Linde, die vorgibt, Nora in ihrem Kostüm habe sehen zu wollen, den Tarantella-Auftritt. Als er für einen Augenblick in sein Zimmer geht, flüstert Frau Linde Nora zu, dass von Krogstad keine

Gefahr mehr drohe, verlangt aber von ihr, umgehend mit Helmer zu sprechen; als Nora dies ablehnt, verweist sie auf Krogstads immer noch im Briefkasten liegenden Brief. Noras Antwort, dass sie jetzt wisse, was zu tun sei, bezieht sich immer noch auf die Absicht der Selbsttötung zu Helmers Gunsten, noch nicht auf Selbstbehauptung, markiert aber schon das Abwerfen aller rollenhaft aufgezwungenen Selbstverniedlichung. Der zurückkommende Helmer belästigt Frau Linde mit wegwerfenden Unterscheidungen zwischen Stricken und Sticken; als sie gegangen ist, versucht er in kitschiger Schwüle, sich Noras zu bemächtigen. Ihr Widerstand verschiebt seine Reaktion ins Brutale. Er pocht darauf, dass er ihr Mann sei.

Domino: Schwarzer Maskenmantel des Karnevals von Venedig.

4. Auftritt

Rank sieht noch einmal herein um sich vor seiner eigenen Selbsttötung sinnbildlich für immer zu verabschieden. Seine Andeutungen werden von Nora, aber nicht von Helmer verstanden, umgekehrt verstehen Rank und Helmer nicht die rhetorischen Andeutungen ihrer Selbsttötungsabsicht. Sie gibt Rank noch Feuer für eine von Helmer erbetene Havanna, eines der plakativen Männlichkeitssymbole des 19. Jahrhunderts, dann verlässt er die Wohnung. Dabei wirft er zwei mit Kreuzen versehene Visitenkarten in den Briefkasten.

5. Auftritt

Helmer öffnet den Briefkasten und findet unter den Briefen zuerst die von Rank eingeworfenen Visitenkarten mit den Todeszeichen. In einer selbstgefälligen Anwandlung wünscht er Nora eine drohende Gefahr, um Leib und Leben für sie wagen zu können. Nora versteht dies als Ankündigung des »Wunderbaren« und fordert ihn auf, die eingegangenen Briefe zu lesen, das heißt auch den Brief Krogstads. Sie selber will, getreu ihren Andeutungen gegenüber Frau Linde, die Lektüre nicht abwarten und ins Wasser gehen. Es ist die dramaturgische Pointe des Stückes, dass Helmer Krogstads Brief früher gelesen hat als sie fortgehen kann; seine Reaktion zerstört augenblicklich das Wunschbild des »Wunderbaren«, das sie in ihren Tod hatte mitnehmen wollen. Indem er sie in seiner ersten Wut als Heuchlerin, Lügnerin und Verbrecherin bezeichnet, den Antrieb ihres Handelns, Liebe, übersieht, nur noch an seine Ehre denkt und ihren Tod als unnütz bezeichnet, ein Zusammenleben nur noch unter vertuschendem Schein von Harmonie gestatten will, hebt er Noras Motivation für einen Selbstmord auf und setzt ihr verborgen gewesenes Selbstbewusstsein frei.

Ein vom Hausmädchen hereingebrachter neuer Brief Krogstads beschleunigt diesen Vorgang. Er enthält Noras Schuldschein, bedauert und bereut, wird aber von Helmer hauptsächlich als Rettung seiner selbst begriffen und mit dem herablassenden Diktat einer neuen Rolle quittiert: der von ihm aus den Klauen eines Habichts geretteten Taube. Noras endgültige Abwendung äußert sich zunächst darin, dass sie das Kostüm des neapolitanischen Fischermädchens auszieht; unmittelbar darauf beginnt sie mit ihrer berühmten Abrechnung. Ihr entscheidender, nicht nur Helmer, sondern den eigenen Vater mittreffender Beschwerdepunkt lautet dahingehend, mit der Autorität des Mannes klein und unselbständig gehalten worden zu sein; die daraus gezogene Folgerung Helmer und die Kinder verlassen zu müssen, um ein selbstständiger Mensch werden zu können. Helmers Einwände versuchen sich auf ethische und religiöse Normen zu stützen, haben aber schon deshalb keine Wirkung, weil Nora längst den eigenen Anteil an ihrem Unglück erkannt hat. Wenn sie Helmer ihre Liebe aufkündigt, ihren Ring zurückfordert und das Haus verlässt, will sie auch schon vor dem Gesetz bewusst die Verantwortung übernehmen. Helmer möchte noch Sorgepflichten und -rechte geltend machen, aber sie betrachtet ihn bereits als Fremden, mit dem sie nichts mehr verbindet. Ihre Antwort auf seine fassungslose Frage, ob er ihr niemals mehr als ein Fremder werden könne: Beide müssten sich dann so verändern, dass ihr Zusammenleben eine Ehe würde, diese Antwort beschreibt eine Perspektive, die für sie beide als die Personen des Stückes nicht mehr Wirklichkeit werden kann.

2.4 Der geänderte Schluss

Es gehört schon zur Wirkungsgeschichte des Schauspiels, dass einige seiner frühesten Aufführungen an deutschen Theatern, darunter die Erstaufführung in Kiel, mit einem Schluss gespielt wurden, der die dramatische Idee ins Gegenteil verschiebt. In der Erstausgabe von Wilhelm Langes Übersetzung ist dieser Schluss als Variante enthalten. Nora geht dort nach ihren letzten Worten nicht fort, sondern will bloß gehen; Helmer sagt statt seinen letzten Worten: »Nun denn – gehe!« und, indem er sie am Arm fasst: »Aber erst sollst du deine Kinder zum letzten Male sehen!« Nora antwortet: »Lass mich los. Ich will sie nicht sehen! Ich kann es nicht!«; Helmer hingegen zieht sie zur Tür des Kinderzimmers und sagt: »Du sollst sie sehen!«, dann, nachdem er die Tür geöffnet hat, leise: »Siehst du; dort schlafen sie so sorglos und ruhig. Morgen, wenn sie erwachen und rufen nach ihrer Mutter, dann sind sie – mutterlos.« Nora stößt bebend hervor: »Mutterlos –!« Helmer, geschickt nachfassend: »Wie du es gewesen bist.« Dann kämpft Nora laut Regieanweisung innerlich und sagt: »O, ich versündige mich gegen mich selbst, aber ich kann sie nicht verlassen.« Sie sinkt halb nieder vor die Tür; darauf Helmer leise, aber freudig: »Nora!«, und der Vorhang fällt.

Das Zustandekommen dieses Schlusses lässt sich nur zum Teil rekonstruieren. Ibsen hat berichtet, sein Übersetzer Lange habe ihn auf eine bevorstehende andere Übersetzung aufmerksam gemacht; sie werde einen geänderten Schluss haben und wahrscheinlich von den norddeutschen Theatern, bei denen Lange als Agent Ibsens tätig war, bevorzugt werden. Gefallen sein müsste diese Äußerung vor der Drucklegung der Langeschen Übersetzung. Um dieser Möglichkeit vorzubeugen, so wieder Ibsen, habe er Lange selber einen Änderungsentwurf geschickt, aber keinen Zweifel daran gelassen, dass er die Benutzung des geänderten Schlusses nicht wünsche (Brief vom 17. Februar 1880 an die Kopenhagener Zeitung

»Nationaltidende«). Zur Erklärung dieser seltsamen Nachgiebigkeit muss man sich vor Augen halten, dass Urheberrechtsschutz zu diesem Zeitpunkt im Deutschen Reich nur in beschränktem Umfang gewährt war; Werke ausländischer Autoren, zu denen auch Ibsen zählte, waren überhaupt nicht geschützt, standen also zur Nutzung, das heißt zur Übersetzung, Bearbeitung und Aufführung, jedermann frei. Die Tendenz des vorbeugenden Änderungsentwurfs lässt allerdings darauf schließen, dass der Hinweis des Übersetzers Lange sich auch schon auf moralischen Unmut von Theaterroutiniers über den originalen Schluss und seine Missachtung des Gebotes versöhnlicher Schlüsse bezog. Es ist unklar, inwieweit Lange dabei auch seine eigene Meinung signalisierte und in welcher Form der originale Schluss den Beteiligten bekannt geworden ist: ob in der norwegischen Ausgabe oder dem Manuskript von Langes Übersetzung; eine der Beteiligten, die Schauspielerin Hedwig Niemann-Raabe, erste deutsche Darstellerin der Nora, hat ihre eigenen damaligen Einwände später dahingehend wiedergegeben, dass sie ihre Kinder nicht verlassen würde, und in diesem Zusammenhang hat sie behauptet, der geänderte Schluss sei von Ibsen für sie geschrieben worden, wenn auch nicht auf ihre Intervention hin. Freilich lässt sich diese Auskunft mit der Version Ibsens nicht zur Deckung bringen.

Der Vorgang selber ist für das Verständnis des Stückes auch weniger wichtig als sein Resultat. Das Motiv einer Mutterlosigkeit der Kinder, auf dem der geänderte Schluss basiert, wird zwar vom Anfang des zweiten Aktes übernommen, hat hier aber eine völlig andere Zielrichtung. Am Anfang des zweiten Aktes wird es von Nora vorgebracht; es ist eines der Durchgangsmomente ihrer schwierigen Selbstvergewisserung und verleiht ihrem Fortgehen am Schluss, der Absage an die Familie das Gewicht tödlichen Ernstes; hier, im geänderten Schluss, wird es in rührseliger Form Helmer in den Mund gelegt und bewirkt, im Theater der Jahrhundertwende sicherlich effektvoll ausgespielt, den Triumph der patriarchalischen Familie, und das heißt auch: Noras Niederlage gegenüber der ethischen Norm, zu deren Verfechter Helmer sich aufwirft. Nicht zufällig geht sie am Ende in die Knie. Mit dem im Grunde statischen, nur auf Machterhaltung bedachten Charakter Helmers lässt sich dieser Schluss vereinbaren; der Entwicklungsgang Noras, der ganze mühsame Prozess zu vorläufiger Selbstbestimmung hin wird zugunsten neuer Entsagung durchgestrichen. Ibsen opfert unter dem Druck der Theaterpraktiker seine Hauptfigur. Damit wird aber auch der untergründige Anstoß zu Noras Selbstbefreiung, ihr inneres Selbstbefreiungspotential, Problem jeder Interpretation des Stückes, in seiner natürlichen Rechtlichkeit verdunkelt.

3 Probleme und Perspektiven

3.1 Noras Wandlung

Die dramatische Idee des Schauspiels ist auf den ersten Blick ganz einfach. Nora, die Heldin, löst sich aus unwürdigen Verhältnissen und geht. Insofern dürfte es für den Zuschauer auch keine Probleme beim Verfolgen der Handlung und beim Verstehen ihres Zusammenhanges geben. Dass Nora geht, ist ersichtlich positiv gemeint: Als Anfang der Selbstmächtigkeit, die ihr im Hause des Vaters nicht angebildet worden war und in der Ehe mit Helmer erst recht verweigert. Wohin sie geht, hat sie in ihrem letzten Gespräch mit Helmer schon im Kopf; sie will bei Christine Linde übernachten und am nächsten Morgen in ihren Geburtsort reisen, sich dort selbst zu erziehen versuchen, Erfahrungen machen, auf eigenen Füßen stehen. Helmers Anmahnung ihrer Pflichten gegenüber Mann und Kindern quittiert sie mit dem Beharren auf ihren Pflichten gegen sich selbst. Auch wenn man das als bloß vorläufige, tastende, noch sehr allgemeine Absichten sehen will, ist es wahrscheinlich, dass sie in eine zwar offene, aber in Anbetracht ihrer wachsenden Selbstbestimmung freiere Zukunft geht. Der Autor konstruiert diesen offenen Schluss – unter den ibsenschen Dramenschlüssen ist er einzigartig –, weil die Perspektive eines richtigeren Lebens zwar eröffnet, aber nicht vorgeführt werden kann. Was alles im Leben der Heldin kommen wird, interessiert ihn nicht mehr und braucht ihn auch nicht mehr zu interessieren, nachdem am Ende der letzten Szene dröhnend die Haustür ins Schloss gefallen ist und aus der eben noch von bürgerlicher Privatheit umschirmten Person eine andere, sich in eine neue Lebenswirklichkeit und vielleicht auch andere soziale Zusammenhänge hineinbewegende zu werden beginnt. Zurück bleibt als Motivation ihres Weggehens, als dramatisch auflösendes Moment für den Zuschauer oder Leser ohnehin nur der Inhalt ihrer schonungslosen Abrechnung mit Helmer, die Anklage gegen den Ehemann, mit der zugleich pathetisch der Schlussstrich unter falsches Leben gezogen und die Entscheidung zum Weggehen begründet wird.

Dies alles kann unmittelbar einleuchten, hat so sehr den Charakter eines richtigen, gerechten Ablaufs, dass es diesseits zeitgenössischer Borniertheiten wie denen der Schauspielerin Niemann-Raabe kaum einen Zuschauer geben dürfte, der Noras Abgang nicht mit Sympathie begleitet und mit ihr die Haustür ins Schloss fallen lässt. Das Argument, man könne Kinder nicht verlassen, ist doch, an den Perspektiven des Stückes gemessen, vor allem an der retrospektiv analytischen Perspektive bis hinab in die Vorgeschichte von Noras Puppenstatus, nichts anderes als ein Argument für die Aufrechterhaltung der Familienverhältnisse, in denen Puppen reproduziert werden. Dennoch, gerade im Rückblick auf Noras Puppenstatus wird die überzeugende Rationalität des Schlusses und seine Anbahnung zu einem Problem. Leicht mokant ist die Nora der Schlussszene auch als »Predigt-Nora« bezeichnet worden, wohl in Assoziation mit Moral- oder Gardinenpredigten, also einem angeblichen hausfraulichen Unmutsritual, aber selbst in dieser ironischen Spitze steckt die Einsicht, dass sich das plötzliche Hervortreten von Selbstbewusstsein und die beherrschte Form seiner Äußerung schwer begreifen lassen. Kaum einem Zuschauer oder Leser, sofern er sich nicht sentimental in dem äußeren Ergehen Noras verliert, kann ja verborgen bleiben, dass nicht nur ihrer Darstellerin auf der Bühne, sondern schon der Figur des Schauspieltextes ungeheure Veränderungen in sehr kurzem Zeitraum zugemutet werden, mag dieser Zeitraum auch aus den früher angeführten dramaturgischen Gründen so kurz sein. Selbst wenn das darstellerische Volumen einer Schauspielerin außergewöhnlich groß wäre, bliebe es ungewöhnlich schwer, die tändelnde Nora der Anfangsszene mit der angstvollen und erst recht der anklagenden des Schlussauftritts glaubhaft zu verbinden. Von vornherein muss sie doppelbödig angelegt werden, ohne dass die Darstellerin sich im Versuch verrennen darf, die fesselnde Studie eines psychologisch interessanten Charakters zu geben: Das Problem, aus welchem noch unabgebrauchten, von der Verunstaltung zur Puppe nicht mitbetroffenen Vermögen heraus Nora fähig wird, sich in nicht viel mehr als zwei Tagen aus der Puppe in einen wirklichen Menschen zu verwandeln, ist, und das haben viele Interpreten übersehen, im Kern gar kein psychologisches. Wohl gehört es zu den Rechten jedes Autors, für das innere und äußere Leben seiner Figuren eine Logik, und das heißt hier: Eine innere Notwendigkeit des Fühlens, Denkens und Handelns festzusetzen, die von der Erfahrungswirklichkeit und den sich auf sie gründenden Erwartungen weit abweichen kann, aber das Stück wahrt sonst seine Lebensnähe sehr genau, und das unwahrscheinlich Rasche und Vollständige dieser Wandlung, wenn man sie sich als logische Folge von Emotionen begreiflich machen will, lässt sich nicht übersehen. Offensichtlich kommt es Ibsen angesichts Noras trotz aller Motivierung, trotz aller individualgeschichtlichen Bündigkeit weniger auf eine erfahrungsnahe psychologische Schlüssigkeit als auf lebensphilosophische Begründung an. Man kann sich das durch einen Blick auf Helmer verdeutlichen. Er ändert sich während des ganzen Stückes nicht, bleibt, beinahe chargenhaft, immer derselbe; wenn seine Nora nachgerufenen letzten Worte, »Das Wunderbarste?!«, die Möglichkeit eines Umdenkens andeuten sollten, dann in einer Perspektive, die ihn als Vertreter eines historischen Typus betrifft, aber nicht als individualisierte Figur dieses Stückes. Was ihm, aber auch Frau Linde und Krogstad fehlt, ist die merkwürdige, dem innersten Lebenszentrum entspringende, vielleicht zu dämpfende, aber nicht zu brechende Kraft, mit der Nora schließlich alle Hemmung und Fremdbestimmtheit ihres Lebens überwindet. Der erste Hinweis auf sie findet sich schon in Ibsens früher zitierter Niederschrift vom 19. Oktober 1878.

Es ist Noras psychologisch nicht zureichend beschreibbare Natürlichkeit, die sie in den Stand versetzt sich aus dem aufgedrungenen Status der Puppe zu befreien; eine Natürlichkeit nur eben, wie Ibsen sie im Auge hat, wenn er in den Aufzeichnungen von 1878, mit charakteristischen Verallgemeinerungen auf die Frau überhaupt, von Noras natürlichem Gefühl spricht (vgl. S. 14). Er meint damit primär eine weibliche Unbedingtheit von Liebe, der Liebe nämlich, aus der heraus Nora auch die Unterschrift ihres Vaters fälscht, eine gegenüber dem rationalistisch starren Rechtsdenken ihres Mannes zwar noch nicht bewusst widerständige, aber zumindest fremde und insofern doch schon zum Konflikt treibende Größe: in seiner eigenen, das Problem von den Personen ablösenden Formulierung zum Konflikt zwischen Liebe und Gesetz. Angebracht ist es indessen, sich bei Noras Natürlichkeit, ihrem natürlichen Gefühl von vornherein die philosophische Bedeutung von Sinnlichkeit hinzuzudenken. Unter der Hülle ihres Puppendaseins, trotz aller Erstarrung, ist Nora immer noch ungebrochen sinnliches Wesen, hat noch unentstellte Triebregungen, Neigungen, Gefühle samt deren Erkenntnismöglichkeiten, zum Exempel den moralischen, und ist gerade in dieser Sinnlichkeit auch ungebärdig; nur dass dieses Sinnlich-Ungebärdige in der Herrschaftssphäre Helmers und womöglich auch aus dem anfänglichen Blickwinkel des Zuschauers wiederum entstellt, nämlich als in liebenswürdiger Weise unmoralisch und geradezu als Rechtfertigung von männlichen Vorurteilen erscheinen kann. Ibsen verschiebt es kunstfertig ins scheinbar Läppische, Triviale, Zweideutige, gleicht es dem Puppenhaften an, zwingt den Blick des Zuschauers zunächst in die Perspektive Helmers; indem aber Nora Makronen nascht, was sie nicht soll, Ausreden erfindet oder überhaupt frei mit der Wahrheit umgeht, schließlich Rank gegenüber um seine Hilfe zu erlangen, sogar mit ihrem Körper kokettiert, meldet sich eine untergründige Tendenz zum Selbstsein, eine Lebens- und Glückseinforderung, die der Anpassung an den Vater und an Helmer noch nicht zum Opfer gefallen ist. Aber nicht bloß ein Bedürfnis nach wirklichem eigenen Leben, nach Autonomie, sondern auch ein verborgenes Leidensgedächtnis. Dass Nora im letzten Akt auf einmal so reflektiert redet, ihr ganzes Leben auf einmal so verständig als defizitäres darstellen kann, bezeichnet keinen Bruch in ihrer Konzeption, sondern das Beredtwerden von vorher Sprachlosem: In dieser Weise hängen bei ihr Sinnliches und Rationales zusammen. In dieser Doppelbödigkeit und in diesem Hervortreten von zurückgestaucht Gewesenem besteht die dramatische Einheit ihrer Person, und wenn der Zuschauer sie mit steigender Sympathie begleitet, am Schluss auch mit Zustimmung zur Haustür hinaus, hat er sich aus der von Ibsen ihm hintersinnig offerierten Perspektive Helmers gelöst und selbst ein Stück Emanzipation erfahren.

3.2 Die Funktion der Tarantella

Auch Reflexion, wie Nora sie in der letzten Szene plötzlich beherrscht, muss freilich erst gewonnen, Leidensgedächtnis erst freigelegt, Lebensanspruch erst auszudrücken gelernt werden. Der entscheidende Schritt dahin, Wendepunkt des Prozesses, der in Nora abläuft, ist das Tanzen der Tarantella; ihre auf der Bühne sichtbare Probe in Helmers Wohnung und die nicht sichtbare Vorführung auf dem Kostümball. Flüchtig besehen gesellige Unterhaltung im Salongeschmack des 19. Jahrhunderts: so darf die bürgerliche Frau in den vier Wänden ästhetisch dilettieren und wird zugleich als reizvolles, exotisch angehauchtes Objekt ausgestellt. In der Nachbarschaft solcher kostümierten Tanzeinlagen gediehen die berüchtigten privaten Gesangsdarbietungen und die sogenannten lebenden Bilder. Hier aber bekommt die Tanzeinlage schon in der Technik, wie der spätere Ibsen Symbole als bildhafte und gedankliche Klammern dramatischer Handlungen verwendet, einen den ganzen Vorgang von Noras Subjektwerdung zusammengreifenden und vielfältig beleuchtenden Sinnbildcharakter. Nora hat nämlich, wie aus dem langen, ihr Geheimnis andeutenden Gespräch mit Frau Linde im dritten Auftritt des zweiten Aktes hervorgeht, das Tarantellatanzen auf Capri gelernt, das heißt während des Aufenthaltes im Süden, den sie dem kranken Helmer mittels des Geldes von Krogstad und des dafür hinterlegten Schuldscheins mit dem gefälschten Namenszug des Vaters ermöglicht hat. Offenbar tanzt sie gern: es wäre ein in ihre Sinnlichkeit sich selbstverständlich einfügendes Bedürfnis und in diesem Fall auch noch der Ausdruck ihrer in aller Bedenkenlosigkeit harmlos triumphierenden Liebe. Aber auch noch der Ausdruck ihrer puppenhaften Selbstferne, denn das Kostüm eines neapolitanischen Fischermädchens, das Helmer ihr für diesen Tanz hat nähen lassen, drängt sie doch bloß in eine seinem Ästhetizismus schmeichelnde folkloristische Rolle, und in diesem aus Italien mitgebrachten Kostüm soll sie auch diesmal auftreten. Die Situation, in der sie diesmal tanzen soll, ist allerdings eine ganz andere. Kurz vorher, es ist der zehnte Auftritt des ersten Aktes, droht Krogstad ihr mit den möglichen Folgen der gefälschten Unterschrift; als sie daraufhin sich erst recht Helmer zuwendet, das heißt, auch um seinetwillen singen und tanzen will, wird sie durch die Übertragbarkeit seiner moralischen Verdammung Krogstads – das ist der dreizehnte Auftritt des ersten Aktes – gleich mitvernichtet. Das Motiv Tarantella gehört demnach, wo es im Stück auftaucht, schon immer in einen Zusammenhang wachsender Angst; es vermerkt die inzwischen eingetretene Nichtigkeit des Glücksüberschwangs von Italien und die hinter dem zärtlichen Geplapper gähnende Hohlheit der Ehe; dies aber drückt Ibsen nebenbei auch durch die Verfassung aus, in der das Tanzkostüm sich jetzt vorfindet. Es liegt zerrissen unter anderen Kostümen, anderen Sinnbildern, die die Kinderfrau anbringt; Frau Linde muss es erst reparieren. Vollends unter dem Zeichen von Angst steht dann die Tanzprobe im elften Auftritt des zweiten Aktes. Helmer hat Nora schon vorher angehalten zu üben; es kommt ihm wohl vorwiegend auf die reizvoll exakte Ausführung der Zugnummer an; jetzt fordert Nora ihn gespielt spontan zu gemeinsamer Probe auf, will dadurch aber nur die Entdeckung des im Briefkasten liegenden Briefes von Krogstad hinauszögern. Es ist wohl die stärkste, ins grotesk Gegensätzliche hineingetriebene Szene des Stückes: zuerst der ahnungslose Helmer, dann der todgeweihte Rank am Piano; gleich darauf erscheint noch Christine Linde, die inzwischen Noras Geheimnis und auch ihre Furcht kennt, den Verstand zu verlieren. Helmer nörgelt, Nora tanzt; sie tanzt mit solcher Wildheit, dass Frau Linde nur sprachlos »Ah!«, ruft und Helmer, die ganze Szene über in Eigentümerdünkel schwimmend, einen Gemeinplatz äußerster Besorgtheit ausstößt: »Aber liebste, beste Nora, du tanzt ja, als ging's um Leben und Tod.« »Das tut's auch«, antwortet Nora, scheinbar im Duktus desselben lässlich übertreibenden Sprachspiels, und niemand begreift, dass es die krasse, buchstäbliche Wahrheit ist.

Auch der aufmerksamste Zuschauer kann den Nebensinn dieser Antwort Noras vorderhand nicht begreifen. Sie verweist, und das ist nur dem spezialisierten Ethnologen oder Musikhistoriker zugänglich, auf eine im italienischen Volksglauben beheimatete volksmedizinische, bis ins Magische zurückreichende Bedeutung des Tarantellatanzens. In den Sacherklärungen zu Auftritt 11 und 12 des zweiten Aktes sind einige Elemente dieser Bedeutung schon umrissen; auf welchem Wege Ibsen Kenntnis von ihr erlangt hat, lässt sich trotz der Hinweise seines Freundes John Paulsen auf eine bestimmte literarische Quelle nicht genau rekonstruieren. Paulsen hat sich daran erinnern wollen, dass Ibsen ihm zum Motiv der Tarantella die Lektüre eines Buches des Schriftstellers Vilhelm Bergsøe empfohlen habe; zweifelhaft bleibt dies aber deshalb, weil sich ein solches Buch, wie schon der Ibsenforscher Daniel Haakonsen anmerkt, nicht auffinden lässt. Dagegen ist das kulturhistorische Phänomen Tarantella, also auch sein kollektives Auftreten und die mit ihm verbundene volksmedizinische Spekulation, schon zur Zeit der Italienaufenthalte Ibsens ausführlich von anderen Autoren beschrieben gewesen, darunter von Goethe in der *Italienischen Reise*; man kann deshalb annehmen, dass Ibsen andere Quellen gekannt hat, und natürlich auch, dass Kenntnis aus Augenschein und mündlicher Erläuterung an Ort und Stelle vorlag. Kernstück des sogenannten Tarentismus ist, wie früher dargelegt, die Überlieferung, ein Biss der in der Nähe der Stadt Tarent häufigen Spinnenart Lycosa tarentula sei tödlich giftig; die rasend schnellen Bewegungen der Tarantella, also des Tarenteltanzes, könnten die tödliche Giftwirkung aber wieder aufheben. Dabei wird der Tanz nach dem Muster eines Kampfes von Kräften zum Teil als Wirkung des Giftes, zum Teil als heilende Gegenwirkung aufgefasst. Unerheblich, dass wissenschaftliche Überprüfungen des Phänomens weder Belege für die überlieferte Bisswirkung noch für die behauptete Gegenwirkung des Tanzes erbracht haben: Der Volksglaube braucht sich darum nicht zu kümmern und der nach Sinnbildern suchende Dramatiker auch nicht; umso interessanter die ethnologischen Hypothesen, dass in der volksmedizinisch-naturalistischen Fassung des Tarentismus Reste archaischer Tanzriten nach dem Schema des Kampfes zwischen Oberwelt und Unterwelt – die Unterwelt von der Tarantel vertreten –, Winter und Sommer oder Tod und Leben enthalten seien. Um Tod und Leben geht es Helmers zitiertem Ausruf und Noras Antwort zufolge aber auch bei der Ibsenschen Tanzprobe. Sollte Ibsen diese verdeckte archaische Bedeutung nicht über seine Italienreisen kennen gelernt haben, sei es mündlich oder aus literarischer Quelle, dann müsste er sie mit erstaunlicher Treffsicherheit in die Tanzprobe als deren eigentlichen dramatischen Gehalt hineinerfunden haben. Die Tarantella wäre hier also zwar aus ihrer ans Kollektiv gebundenen kultisch-rituellen Tradition herausgelöst und auf die unvergleichbare Lebenssituation der dramatischen Figur Nora bezogen, das heißt in übertragenem Sinne gehandhabt, aber ihre Bedeutungsfelder sind erhalten, und der übertragene Sinn wäre mit buchstäblichem gemischt. In übertragenem, an der Fabel vom voraufgegangenen Giftbiss orientierten Sinne war Nora schon als Puppe die Vergiftete, vom Tod Bedrohte, Leblose; buchstäblich ist sie vom Tode bedroht in ihrer ausweglos erscheinenden Angst und ihrer Selbsttötungsabsicht. Was sie in Italien zu eigenem und zum Vergnügen ihres Mannes erlernt hat, wird auf einmal zum

Ausdruck äußerster Bedrohung, zugleich aber zum Mittel, gegen diese Bedrohung, gegen Angst und Tod zur eigenen Rettung anzutanzen. Deshalb gehorcht der Tanz auch nicht einmal der Form nach mehr dem geselligen Anlass; die aufgelösten Haare, das Wilde der Bewegungen bedeuten auch die Absage an die sonst herrschende Konvention und das Hervorbrechen von Sinnlichkeit als rettender Kraft – es ist sicher nicht falsch, sich dieses Moment, wie es in der Literatur über Ibsen öfter geschehen ist, auch unter dem Begriff des Dionysischen, abgeleitet vom Namen des griechischen Gottes Dionysos als des Gottes rauschhaft erreichbarer Lebenseinheit, verständlich zu machen.

Nur ist Leben im Sinn einer unmittelbar wirksamen Abwehr der Bedrohung, einer unumkehrbaren Sprengung des Puppenstatus, des Gewinnens von Selbstmächtigkeit und Beredtheit damit noch nicht erlangt. Die Tarantellaprobe bleibt bloß Probe, von den Männern gestört und bald abgebrochen, und auch das Tanzen auf dem Kostümball vierundzwanzig Stunden später bewirkt noch nicht unmittelbar das Ende der Selbsttötungsabsicht. Erst als Helmer die beiden aufeinanderfolgenden Schreiben Krogstads geöffnet hat und sein Egoismus unverstellt hervortritt, offenbart sich plötzlich auch Noras Zuwachs an Stärke und Sprache. Sie kann die Wahrheit aussprechen, über ihr Verhältnis zu Helmer, ihre Ehe und ihr ganzes Leben, als hätte sie sie schon immer gekannt, und ohne Zweifel soll dieses plötzliche Klarsehen und Sprechenkönnen auch das Resultat des ganzen langen untergründigen Vorgangs sein, in dem ihre nicht korrumpierte Sinnlichkeit Leidenserfahrung gesammelt und Lebenssuche betrieben hat; aber die Tarantella markiert in diesem Vorgang die Klimax von Angst und Unfreiheit und den Umschlag zum Leben hin. Insofern ist sie auch schon das Vorzeichen, dass Nora nicht im schwarzen Wasser untergehen und die Liebe im Konflikt mit dem Gesetz die Oberhand behalten wird. Noras Anklage gegenüber Helmer, überhaupt ihre Beredtheit im letzten Auftritt erschöpft sich allerdings auch nicht in Rückblicken auf das eigene falsch gelebte Leben und im Entschluss zu seiner Korrektur. Sie schafft auch kritische Allgemeinheit in dem Sinne, dass in der Verfehltheit des eigenen Lebens die Verfehltheit des Lebens zahlloser Frauen begriffen wird und in den Ursachen der Verfehltheit des eigenen Lebens Ursachen, die im Leben der Frauen allenthalben wirken. In dieser Tendenz zum Allgemeinen bekommt die Anklage gegen Mann und Vater – und damit das ganze Schauspiel – gesellschafts- und kulturkritische Züge; der Vorsatz, sich selbst zu erziehen, der ja in den offenen Schluß wie ein umgreifendes, wenn auch noch vages Lebensprogramm hineingesetzt ist, wird zur Reformidee für alle. In jeder Inszenierung müsste das seine Auswirkungen haben, gleich, mit welcher Dringlichkeit sich Ibsen selber zu dieser Reformidee hätte bekennen können. Die Schwierigkeit für die Darstellerin der Nora liegt in der Tarantellaszene darin, die Dialektik von Angst und Lebensbedürfnis, von lähmender Vorgeschichte und Freiheitsimpuls zu geben; in der Schlussszene liegt sie im Ausbalancieren von realistisch herausgespielter individueller Konsequenz und nur vag ideehaft vorbringbarem, eigentlich nur als Richtungshinweis formulierbarem, nicht schon ausmalbarem Modell: dem einer anderen Frau, das zugleich das einer anderen, neuen Gesellschaft sein muss. Kann eine

Darstellerin diese Schwierigkeiten nicht meistern, schrumpft das Schauspiel zum Ehedrama mit unglücklichem Ausgang.

3.3 Nora und die Frauenbewegung

Sucht man in den später geschriebenen Dramen Ibsens nach Reflexen dieser Idee, den Spuren also der weggegangenen, sich beispielhaft selber erziehenden, freier gewordenen Nora, dann lassen sich keine finden. Wohl gibt es in ihnen noch die starken Frauen, die es bei Ibsen schon immer gab und zu denen die weggehende, aus dem Puppenstatus herausgetretene Nora ja gehört; aber diese Frauen sind doch wieder bloß, als wäre nichts geschehen, an das patriarchalisch dominierte Verhältnis der Geschlechter gefesselt und innerhalb seiner wiederum dem Mann und der Rationalität des Mannes als etwas Fremdes, oszillierend Naturhaftes entgegengesetzt. Daran ändert auch nichts, dass die Männer ähnlich Helmer oder noch ausgeprägter als er hinter ihrer patriarchalischen Fassade schwach sind oder sozial hinfällig, verblendet oder unvermögend zu kommunizieren: nicht nur sie, sondern beide Geschlechter, die dramatischen Personen überhaupt können trotz allen Redens miteinander sich kaum mehr verständigen. Erst recht ist ihnen das befreiende Aussprechen einmal erkannter Wahrheit, die Klarsicht, wie Nora sie erlangt und in das große Gespräch mit Helmer einbringt, versagt; Ideen zur Reform des eigenen oder gemeinsamen Lebens sind nicht mehr ausdenkbar, positiv offene Schlüsse wie der, in den Nora hineingeht, fürderhin unmöglich. In dieser neuen Verdüsterung zeichnet sich freilich nichts anderes ab als eine Korrespondenz mit Vorgängen in der Gesellschaftsgeschichte. *Et dukkehjem* ist zu einem Zeitpunkt geschrieben, als sich in fast allen west- und nordeuropäischen Ländern starke Tendenzen zur Frauenemanzipation bemerkbar machen und die Literatur von neuem, wie schon im Vormärz, zum Träger sozialen Reformismus wird; in den achtziger und neunziger Jahren, der Zeit von Ibsens Spätwerk, wird die Emanzipationsdebatte zwar immer noch breit geführt, auch in Deutschland, aber sie hat schon Momente von Überreizung an sich und zeigt in sektiererischen Formen die Wirkung der immer mächtiger werdenden kulturellen Reaktion. Als Ibsen 1906 stirbt, ist Emanzipationsthematik aus dem literarischen Bewusstsein weitgehend verschwunden und das Bild der Frau neuromantisch zur stummen Dienerin, grausamen Herrin oder rätselhaften Odaliske stilisiert. Der erste Weltkrieg bringt die Emanzipation der Frau zur Munitionsarbeiterin und zur Straßenbahnschaffnerin; die Helden der bedeutenderen expressionistischen Dramen sind wiederum Männer.

In diesen Abläufen gesehen bleibt *Et dukkehjem* die Konzeption eines eng umgrenzten historischen Augenblicks. Es hätte nicht ohne die Geschichte der Laura Kieler erdacht werden können, also nicht ohne die Kenntnis der eingeschränkten Rechtsfähigkeit der Frau an einem bestimmten Fall; auch nicht ohne das geschärfte Wirklichkeitsbewusstsein, das Ibsen als Ergebnis seiner literarischen Entwicklung schon mitbrachte, und ohne seine vielfach bezeugte Sympathie für Emanzipationsideen wie die von Camille Collett oder die auf dem Kontinent kennen gelernten, aber auch nicht ohne den teils stimmungshaften, teils kulturell und politisch materieller werdenden Hoffnungsdruck, der von der Frauenbewegung als Massenphänomen ausging. Es ist auch der Enthusiasmus ihrer Aufbruchsphase, der in das Schauspiel hineinwirkt; zweifelhaft, ob es zehn Jahre später, unter der inzwischen eingetretenen Inflationierung von Programmen und Schlagworten, unter ihrer publizistischen Veräußerlichung und ihrer immer stärkeren Fraktionierung, noch so ungebrochen, so unbefangen sympathisierend hätte geschrieben werden können. Schon im nächsten Drama, den 1881 aufgeführten *Gespenstern*, wird die Ausbruchsmöglichkeit der Frau von vornherein unter der Last von Familie, Milieu, Vererbung erstickt; von vorn fällt kein Licht mehr ins Leben. Auch in *Nora* spielt über Rank Vererbung eine niederziehende, in der Konsequenz todbringende Rolle, auch Familie und Milieu als das Milieu Helmers sind niederdrückende Faktoren, aber mit dem Unterschied, dass Nora ihnen schließlich aus eigener Kraft entkommt und nicht bloß, wie die anderen Figuren, Vergangenheit, sondern auch Zukunft hat. Dabei kann fraglich bleiben, ob nicht der oft gerühmte Zauber von Noras theatralischer Erscheinung im Grunde darauf beruht, dass sie noch mitgeprägt ist von der romantisch-patriarchalischen Sicht der Frau, die sie in ihrem Weggehen doch abzuschütteln scheint. Ob das, was Ibsen als inwendige Kraft zu ihrer Befreiung aufbietet, Natürlichkeit und Sinnlichkeit, nicht einem gesellschaftlichen Bild der Frau angehört, das zur Entstehungszeit des Schauspiels schon rückwärts gewandt war. Wird denn, so wäre direkt zu fragen, mit der weggehenden Nora auch das Normbild der Frau als der wesenhaft natürlichen, bedingungslos liebenden, in Liebe zu Mann und Familie aufgehenden endgültig verabschiedet und durchgestrichen? Oder wird diese normative Form weiblicher Natürlichkeit – nicht zufällig auch in der deutschen Literatur des 19. Jahrhunderts, etwa bei Ibsens Zeitgenossen Wilhelm Raabe, ein stehendes Motiv – nicht bis in Noras Fortgehen hinein wie eine anthropologische Konstante gerechtfertigt und verteidigt? Man kann das schwer entkräften, zumal dann nicht, wenn man sich der starken emotionellen Bindung Ibsens an sein Geschöpf Nora erinnert; in einer solchen Festlegung auf Natürlichkeit hätte aber zumindest der radikalere Flügel der Frauenbewegung nur eine sublime Ausprägung männlicher Herrschaft erkennen müssen.

Eine andere derartige Frage ist anzuschließen. Meint Ibsen, wenn er Nora ihren Mann über die Fehler und Defizite ihres Lebens aufklären und sie dann fortgehen lässt, im Ernst schon Emanzipation als Befreiung von tradierten Geschlechterrollen und von Geschlechtermetaphysik? Oder bestätigt nicht schon Frau Lindes Verlobung im selben Akt, in dem Nora fortgeht, das Festhalten an Liebe und Ehe als an Hauptbestimmungen weiblichen Lebens? Auch das ist schwer zu entkräften, so sehr man sich davor zu hüten hat, programmatische Positionen späterer, entfalteterer Perioden der Frauenbewegung als Kriterien für die Auslegung und Beurteilung weit zurückliegender sympathisierender Werke zu gebrauchen. Ehe war am Ende des 19. Jahrhunderts noch ein ganz anderer Wertbegriff als seit der Mitte des 20. Jahrhunderts. Gleichwohl darf man mutmaßen, dass Ibsens Vorstellungen vom Leben und Zusammenleben der Geschlechter nicht so revolutionär waren, wie sie wirkten; sie waren wohl eher in kritischer Brechung konservativ – revolutionär war nur seine gnadenlose Kritik des Mannes. Zwar wird Noras Zwangsexistenz als Puppe verworfen, aber ihr sogenanntes natürliches Gefühl, ihre bedingungs- und bedenkenlose Liebe nicht: damit wohl auch nicht eine als normhaft begriffene Zubestimmtheit der Frau zu beidem. Denkt man hier weiter, dann könnte die Reformidee des Schlusses, der Schritt zur Selbsterziehung nur darauf hinauslaufen, dass eine neue, andere, durch Selbsterziehung hindurchgegangene Frau sich besser auf ihre Liebes- und Erziehungsaufgabe einstellen könnte. Dies würde dann freilich den Reformideen des betont bürgerlichen, tendenziell auch christlich orientierten Flügels der Frauenbewegung der achtziger Jahre entsprechen.

Am deutlichsten werden diese Problemlinien im schon berührten Motiv des Wunderbaren. Es wird vorbereitet durch Helmers allgemeines Selbstlob im sechsten Auftritt des zweiten Aktes, er sei, wenn es darauf ankomme, stark genug, alles auf sich zu nehmen; die fanfarenartige Bezeichnung gibt diesem Motiv im neunten Auftritt desselben Aktes Nora, die Helmers Tirade als Ankündigung verstanden hat, dass er edelmütig die Verantwortung für die gefälschte Unterschrift übernehmen und sie damit entlasten werde. Zwar will sie es zu einem solchen Schritt nicht kommen lassen und deshalb vorher ins Wasser, aber als ersehnten Beleg unbedingter Liebe zu ihr möchte sie ihn auffassen, und in dieser Bedeutung wandert das Motiv durch die beiden letzten Akte bis in die letzte Szene. Es hält nicht schwer, in ihm den alten Topos vom Ritter, der seine Dame beschützt, zu erkennen; auf den ersten Blick, angesichts von Helmers wüster Selbstbezogenheit und Schwäche, scheinbar bloß parodistisch gebraucht, vom Schluss her gesehen vielleicht aber ganz unironisch, als Lebens- und Liebesmodell gesetzt. Nora erwidert, als Helmer sie kurz vor ihrem Weggehen fragt, ob er ihr denn niemals mehr etwas anderes sein könne als ein Fremder, dass dann das Wunderbarste geschehen müsse, das Wunderbarste also im Unterschied zum Wunderbaren, und in der damit wortspielartig hergestellten Spannung zwischen Superlativ und Positiv bewegen sich die allerletzten Sätze. Das Wunderbarste gegenüber dem bloß Wunderbaren des unbedingten Eintretens für die Frau wäre, wie wieder Nora erläutert, eine Veränderung beider mit der Wirkung, dass aus ihrem Zusammenleben eine Ehe würde: fast überbetont erscheint hier noch die Möglichkeit eines anderen, neuen Mannes, auch wenn Nora zugleich anmerkt, dass sie an das Wunderbare nicht mehr glaube. Dies könnte indessen doch nur ein anderer Mann sein, der mit der anderen neuen Frau in eine Form des Zusammenlebens zurückträte, die das Schauspiel in den Augen des Zuschauers schockhaft erschüttert. Kein die Ehe sentimental kittender Schluss zwar, wie ihn die Schauspielerin Niemann-Raabe forderte und, ohne große Folgen, auch bekam, aber vielleicht der Versuch einer Rettung der Ehe durch Kritik ihrer korrumpierten säkularen Form. Nur hat das Schauspiel andere Tendenzen seiner Auslegung freigesetzt.

Ohnehin wäre leicht einzusehen, dass es von der Frauenbewegung und den vielen mit ihr sympathisierenden Frauen trotz mancher Vorbehalte immer als ein

Stück Identifikationsliteratur betrachtet worden ist. Mag auch Helmer, bevor der Vorhang fällt, das letzte Wort haben, indem er noch einmal und sogar voller Hoffnung das Wunderbarste anruft: Das letzte Stück Handlung liefert Nora mit der ins Schloss fallenden Haustür, und wer hätte das nicht für eine Ermunterung halten sollen, ihre ganze Geschichte als nachlebbares Muster von Selbstbefreiung aufzufassen. Langandauernde und sich dabei verstärkende Wirkungen literarischer Werke sind ja allemal die einer Entfaltung ihrer objektiv vorwärts treibenden, dynamischen Momente gewesen. Das offene Ende und Noras Entschluss, sich selbst zu erziehen, eröffneten einen weiten Horizont für individuelle Projektionen aus eigenem Unglücksbewusstsein, nicht in der Abstraktheit theoretischer Forderungen, die es in der Programmliteratur der Frauenbewegung auch gab, sondern mit der Unwiderstehlichkeit theatralischer Teilhabe. Es muss der Erfahrung hunderttausender bürgerlicher Leserinnen und Zuschauerinnen entsprochen haben, dass Nora, die Beispiel-Frau, zwanghaft die bloß Natürliche sein soll und zugleich die plappernde Puppe; ebenso muss es aber dieser Erfahrung entsprochen haben, dass in der Zurückstauchung auf Puppenexistenz und ideologisch verfügte Natürlichkeit sich auch eine Kraft sammelte, eine elektrisierend kollektive Kraft, das Puppendasein, überhaupt den Panzer der über das Geschlecht verhängten Konventionen zu durchbrechen. Es muss offen bleiben, mit welchem Grad von Bewusstsein Ibsen dieses dialektische Motiv gehandhabt hat. Aber es ist da und es ist beim Beschauen und Lesen des Schauspiels das durchgehend wirksame.

4 Zur Wirkungsgeschichte

4.1 Die Übersetzungen

Beinahe kann man bei Noras großen Szenen vergessen, dass sie im Original kein Deutsch, sondern Norwegisch spricht. Sie spricht wie die anderen Personen Riksmål, die südlichere und städtischere der beiden miteinander konkurrierenden norwegischen Landessprachen, von denen seit dem Anfang des 19. Jahrhunderts das in Verwaltung, Schulunterricht und Literatur seit langem vorherrschende Dänisch zurückgedrängt worden war. Der junge Ibsen hatte an dieser nationalromantisch vorangetriebenen Erhebung der beiden Sprachen zu Literatursprachen lebhaften Anteil genommen, wie überhaupt das Interesse der Schriftsteller an der sprachlichen Renaissance eine der Haupttriebkräfte des schnellen Aufstiegs der norwegischen Literatur zu weltliterarischem Rang gewesen ist. Ins Deutsche übersetzen lassen sich Texte aus dem Riksmål wie aus dem Landsmål insofern ohne größere Schwierigkeiten, als die entfernte Verwandtschaft des Norwegischen und des Deutschen selbst für den Unkundigeren schon im Textbild hervortritt; immer wieder könnte er ohne Mühe kürzere Sätze eines norwegischen Textes vom Deutschen her verstehen oder sich wenigstens notdürftig zusammenreimen. Hingegen kann die besondere Prägung von Ibsens Norwegisch auch dem versierteren Übersetzer Kopfzerbrechen machen, und zwar gerade vor den mittleren und späten Dramen: Das scheinbar Entspannte des Dialogs bei höchster Konzentration auf das milieuhaft Wahre, das Durchgeformtsein bis in die Details, die Tendenz zum Symbolischen ohne Verschwommenheit und das Doppelbödige, nicht zu vergessen Kühnheiten wie etwa die der fluchenden Nora – für das 19. Jahrhundert eine schockierende Stelle. Es ist diese Dimension des Übersetzens, in der ein Übersetzer von vornherein mehr zu liefern hat als nur neutrale Substrate richtigen Auffassens und Verstehens; die ihn vielmehr dazu nötigt, den Text immer wieder bis in Nuancen hinein auszulegen und zum Übersetzten im Vorgang des Übersetzens Stellung zu nehmen. Wirkungsgeschichte beginnt insofern schon in den Übersetzungen. Die große theatergeschichtliche Wirkung des Schauspiels in Deutschland ist wie die aller anderen wirkungsmächtig gewordenen Stücke Ibsens erst ihre Folge oder zumindest die Folge der Übersetzungen, die sich beim Publikum als die bekannten und maßgebenden zu etablieren vermocht haben.

Das Heikle des Übersetzens resultiert hier aber nicht nur aus den Eigenheiten von Ibsens Sprache. Das Norwegische, in dem er schreibt, hat im Ganzen noch die Kraft, Frische und Gedrängtheit seiner national-romantischen Renaissance, eines eben in Literatur sich hineinentfaltenden, noch unabgebrauchten Idioms; das Deutsche, in das übersetzt werden muss, trägt noch an der Bürde der klassisch-romantischen Tradition und leidet zudem unter der stärker werdenden Kommerzialisierung der Bühne. Die Projekte und Versuche, es zu erneuern und mit ihm zusammen die ganze deutsche Literatur, sind erst Folgewirkungen der aus dem europäischen Norden und aus Frankreich nach Deutschland einbrechenden realistischen Moderne. Wie schwer diese Ungleichzeitigkeit der beiden Sprachen zu handhaben war, belegt schon Wilhelm Langes erste deutsche Übersetzung des Schauspiels. Immerhin übersetzte Lange für Reclams Universalbibliothek und war von Ibsen autorisiert, aber er gliedert nicht nur, wie früher angemerkt, die Dynamik der drei großen Ibsenschen Aufzüge traditionalistisch in Auftritte, er verschiebt die körnige, trotz aller Lockerheit höchst disziplinierte Diktion Ibsens in die Nähe des zugleich flacheren und steiferen deutschen Gesellschaftsstücks. Bis ins Redensartliche hinein bekommt das Stück übertrieben deutsche Züge, die eine und andere Person auch neue deutsche Namen: Helmer heißt hier Robert, sein Sohn Ivar Erwin, Frau Linde Linden und Krogstad einfach Günther. Nora bleibt zwar Nora, wird dafür aber, ein bis heute nachwirkendes Zugeständnis an den deutschen Theatermarkt, zum plakativen Namenssymbol des Stückes. Ibsens eigener, den Zusammenhang sozialer Deformation kennzeichnender Titel *Ein Puppenheim* ist wie ein Untertitel in die zweite Zeile abgedrängt.

Auch die folgenden Stücke Ibsens hat Lange noch in derselben unglücklich verdeutschenden Manier übersetzt; 1907, kurz nach Ibsens Tode, veröffentlichte er, noch einmal den autorisierten Übersetzer hervorkehrend, alle von ihm übersetzten Dramen in einer dreibändigen Sammlung. Für die Aufführungsgeschichte hatte diese Ausgabe freilich schon deshalb keine große Bedeutung mehr, weil seit 1898 der Verlag S. Fischer Ibsens Sämtliche Werke auf einem editorisch und übersetzungstechnisch ungleich höheren Niveau publizierte; schon in den neunziger Jahren waren überdies zwei andere, deutlich gegen Lange gerichtete Übersetzungen von *Et dukkehjem* erschienen, neben einer heute unwichtigen die bemerkenswert sichere, später in die *Sämtlichen Werke* übernommene der früh verstorbenen Marie von Borch, und seitdem ist die Reihe der Neuübersetzungen immer länger geworden. Bis 1979, also in einem Zeitraum von hundert Jahren nach Erscheinen der norwegischen Originalausgabe, sind einschließlich der Übersetzung Langes, aber ohne Neuauflagen unter anderen Titeln, zehn Übersetzungen nachweisbar; unter den Verlagen, die sie gedruckt haben, befinden sich mit Reclam, dem früheren Leipziger Bibliographischen Institut, dem Verleger Hendel in Halle, dem Leipziger Verleger Hesse und neuerdings Goldmann fast alle großen Popularverleger der neueren deutschen Verlagsgeschichte. Das lässt auf eine rasch angewachsene Bekanntheit des Schauspiels schließen, natürlich auch auf einen Kampf der Verlage um das gewinnträchtige Objekt; auffällig indessen, und das ist der im Anhang beigegebenen Bibliografie der Übersetzungen zu entnehmen (s. u. S. 90), dass die Erscheinungsdichte der Übersetzungen in diesen hundert Jahren durchaus nicht gleich ist. Fünf kommen aus der Zeit vor dem ersten Weltkrieg, die anderen fünf aus der Zeit nach dem zweiten. Es gibt keine expressionistische Nora und keine aus der Neuen Sachlichkeit; zwischen den beiden in sich dicht gedrängten Übersetzungsphasen klafft eine Lücke von beinahe fünfzig Jahren. Nach Gründen zur Erklärung dieses Sachverhaltes braucht man nicht lange zu suchen. Der erste Weltkrieg und seine sozialen Folgen haben das öffentliche Interesse an Ibsens Familiendramen zeitweilig zugunsten seiner nordisch-romantischen Stücke, wie etwa des *Peer Gynt*, gemindert; andererseits konnten sich Übersetzungen aus renommierten Verlagen wie die der Marie von Borch bei S. Fischer lange Zeit als gültige behaupten. Erst nach dem zweiten Weltkrieg und dem europäischen Siegeszug des amerikanischen neorealistischen Theaters mit seinem lockeren Inszenierungsstil entstand offenbar das Bedürfnis nach neueren, sprachlich aktualisierten Übertragungen. Bei Reclam in Stuttgart – der Verlag war inzwischen in einen westdeutschen und einen ostdeutschen geteilt – erschien 1951 für die Übersetzung Langes eine neue von Richard Linder, bei Reclam in Leipzig 1957 eine neue von Bernhard Schulze; innerhalb der nächsten zwanzig Jahre, eines editionsgeschichtlich kurzen Zeitraums, kamen die Ausgaben bei Goldmann, Hoffmann und Campe und dem Insel-Verlag hinzu, Indizien dafür, dass das *Puppenheim* schon zu den klassischen Stücken des deutschsprachigen Schauspielrepertoires gezählt wurde.

Sicherlich war das auch ein Reflex der für die ersten Nachkriegsjahrzehnte typischen Rückwendung ins Private. Ehe- und Familienprobleme schoben sich wieder in den Vordergrund kulturellen Interesses, und die neuen Übersetzungen wären dann auch dessen literarische Spur. Korrespondenzen solcher Art, bis in die Sprache der Übersetzer hineinreichend, kennzeichnen die Übersetzungsgeschichte aber seit ihren Anfängen; in ihnen setzt sich der Realismus Ibsens fort als ein jeweiliger historischer Realismus von Übersetzungen oder Übersetzungsphasen. Von den individuellen Übersetzungsvarianten, dem besseren oder schlechteren Übersetzen von Wörtern und Sätzen, sind diese Korrespondenzen zu unterscheiden, hängen allerdings mit ihnen dahingehend zusammen, dass aus beiden erst der nuancierte Sinn der jeweiligen Übersetzung zusammenschießt. Es macht nicht nur große Klangunterschiede, sondern auch Unterschiede in der Bedeutung, wenn Helmers Sätze aus Ibsens erstem Akt: »Kan ikke naegtes, min kaere lille Nora. (laegger armen om hendes liv.) Spillefuglen er søb; men den bruger svaert mange penge. Det er utroligt, hvar kostbart det er for en mand at holde spillefugl« übertragen werden wie bei Wilhelm Lange: »Kannst du's läugnen, liebe Nora? (Legt den Arm um sie.) Meine Lerche ist ein allerliebstes Geschöpfchen; aber sie braucht einen sehr großen Haufen Geld. S'ist unglaublich, wie theuer Einem ein solches Vögelchen zu stehen kommt« oder wie bei Marie von Borch: »Unleugbar, meine kleine liebe Nora! (Legt den Arm um ihre Taille.) Mein lockerer Zeisig ist entzückend, aber er braucht eine schwere Menge Geld. Man sollt' es nicht glauben, wie hoch einem Mann solch ein Vögelchen zu stehen kommt« oder wie bei Richard Linder Anfang der fünfziger Jahre: »Das ist nicht abzustreiten, meine liebe kleine Nora. (Legt den Arm um sie.) Mein Zeisig ist ein allerliebstes Geschöpf, aber er braucht eine Menge Geld. Es ist kaum zu glauben, wie teuer einem solch Vögelchen zu stehen kommt.« Längere Reihen solcher Varianten, und die Übersetzungen sind voll davon, können nicht nur die Redeweise der Figuren in bestimmter Weise einfärben, sondern die Figuren eben auch zu Trägern einer durch diese Redeweise vorgetragenen Interpretation machen, sei das dem Übersetzer nun bewusst oder nicht bewusst. Das betrifft hier in erster Linie Nora und Helmer und ihr Verhältnis zueinander. So stehen bei Wilhelm Lange im ganzen gesehen beide sich noch steif wie ein Honoratiorenehepaar ihres Jahrhunderts gegenüber, zugleich verliert Nora unter der Plumpheit dieser Übersetzung den großen Teil der feinen Doppelbödigkeit, die sie bei Ibsen hat; ihre kleinen Schwindeleien erscheinen nicht so sehr als Äußerungen eines durch Erziehung vermittelten Zwanges zur Lüge, sondern als habituelle weibliche Schwäche. Umgekehrt wirkt Helmer, und das ist sicherlich eine unbewusste Auslegung Langes, jenseits seiner Egoismen beinahe als in seiner Handlungsweise verständlicher bürgerlicher Ehrenmann. Schon bei Marie von Borch wird das merklich zurückgenommen, andere folgen ihr, und seitdem, vor allem in den Übersetzungen nach dem zweiten Weltkrieg, hat sich die Redeweise beider immer weiter von starrer Konventionalität entfernt; zugleich gewinnt Noras Sprache, wie dadurch auch Nora selbst, an sinnlicher Beweglichkeit und verfällt Helmer der lackierten Brutalität, mit der ihn schon Ibsen ausstattet. Es trifft sicher zu, dieses als eine allmählich sich durchsetzende Wirkung der Frauenbewegung anzusehen oder als allmähliche Rektifikation des ganzen Übersetzungsprozesses angesichts des kulturellen Druckes der Emanzipation; die im Jubiläumsjahr 1979 im Insel-Verlag erschienene Übersetzung von Angelika Gundlach steht nicht nur Ibsens Norwegisch nahe, sondern auch der Emanzipation als kultureller Mentalität. Welche Bedeutung solche Sprachcharaktere für die Beantwortung der Frage haben können, ob der Schluss des Stückes für Helmer wirklich noch Hoffnungsperspektiven übrig lässt und dann auch so gespielt werden müsste, braucht nicht eigens erläutert zu werden. Die Aufführungsgeschichte des Stückes ist allerdings etwas anderes als seine Übersetzungsgeschichte. Welche Übersetzung einer Aufführung zugrunde gelegt wird; ob ihr Text Eingriffe erfährt und welche Faktoren, ästhetische und außerästhetische, dabei zur Geltung kommen, entscheiden Regisseure oder Intendanten oder auch das Publikum.

4.2 Zur Aufführungsgeschichte

Tatsächlich besteht das Kuriose der deutschen Aufführungsgeschichte des Schauspiels darin, dass die beiden Schlüsse, der bei der Kopenhagener Uraufführung am 21. Dezember 1879 gespielte originale, bei dem Nora geht, und der geänderte, bei dem sie dableibt und in die Knie sinkt, eine Zeitlang miteinander konkurrierten. In Norddeutschland, so bei der deutschen Erstaufführung in Kiel am 6. Februar 1880 und einer sich anschließenden Tournee der Hauptdarstellerin Niemann-Raabe durch größere Städte, darunter Hannover, Hamburg und Berlin, wurde der geänderte Schluss gespielt, in Berlin probeweise auch der originale; bei der ersten Aufführung in München am 3. März 1880 mit Marie Ramlo, der Frau des Schriftstellers Michael Georg Conrad, wie in Kopenhagen der originale, allerdings unter Unmutsäußerungen der Zuschauer. Ibsen, der damals in München lebte, hat diese Aufführung miterlebt. Auch das Wiener Stadttheater gab bei seiner Erstaufführung am 8. September 1881 den originalen Schluss, wich dann nach stürmischen Protesten auf den geänderten aus, ohne dadurch die Inszenierung retten zu können; sie wurde nach wenigen Abenden abgesetzt. Ähnlich erging es dem ersten

Versuch einer Aufführung in Frankfurt. Den moralischen Vorbehalten der Initiatoren des versöhnlichen Schlusses entsprach, wenigstens in Deutschland und Österreich, auch eine konservative Stimmung der Mehrheit des Publikums.

Zwanzig Jahre nach den deutschsprachigen Erstaufführungen, als schon keine Bühne mehr den geänderten Schluss zu spielen gewagt hätte, griff die mit der Moderne sympathisierende Zweimonatsschrift »Das litterarische Echo« die Frage seiner Entstehung noch einmal auf, sichtlich mit dem Ziel einer Ehrenrettung Ibsens und zugleich Frau Niemanns. Sie druckte in der Nr. 14 des Jahrgangs 1899/1900 unter dem Titel »Der Schluss von Ibsens ›Nora‹« einen vorher unbekannt gewesenen Brief Ibsens vom 18. Februar 1880 an den Wiener Theaterdirektor Heinrich Laube, in dem Ibsen sich bemüht – und insofern gehört der Brief in die Vorgeschichte der Wiener Erstaufführung – einen gattungstheoretischen Einwand Laubes zu entkräften: des Schlusses wegen, gemeint war der originale, sei das Stück kein Schauspiel. Ein Schauspiel, so müsste man Laubes Einwand vervollständigen, habe ein konventionelles, verträgliches, untragisches Ende. Ibsen wendet sich in seiner gedruckten Antwort zuerst gegen normative Pedanterie überhaupt und distanziert sich dann mit Nachdruck von der Änderung, die er doch selbst vorgenommen hatte. »Den geänderten Schluss«, schreibt er, »habe ich nicht nach Überzeugung abgefasst, sondern nur auf Wunsch eines norddeutschen Impresario und einer Schauspielerin, die in Norddeutschland als Nora gastieren wird. Ich füge eine Abschrift dieser Änderung bei, woraus Sie hoffentlich erkennen werden, dass die Wirkung des Stückes durch die Benutzung dieses Schlusses nur abgeschwächt werden kann« (a. a. O., Sp. 969). So sehr das auch zutrifft, die Entstehung des geänderten Schlusses und seine Rolle in der Aufführungsgeschichte werden durch diesen Brief nicht klarer, sondern eher undurchsichtiger; denn noch am Tage vorher, am 17. Februar 1880, hatte Ibsen in einem Brief an die Kopenhagener Zeitung »Nationaltidende« den Übersetzer Lange als Anreger des neuen Schlusses benannt (vgl. dazu S. 46). Vielleicht erklärt sich aber die Differenz der beiden Briefe so, dass Ibsen sich einem von Lange geschickt vorgetragenen Druck mehrerer Interessenten ausgesetzt sah und den insinuierten versöhnlichen Schluss schon deshalb niederschrieb um die norddeutsche Tournee nicht zu gefährden. Jedenfalls schiebt Hedwig Niemann-Raabe in einer eigenen, vom »Litterarischen Echo« mitgedruckten Erklärung die Initiative zur Änderung des Schlusses dem Direktor des Hamburger Thalia-Theaters Maurice Chérie zu, der wahrscheinlich als Unternehmer der Tournee auftrat und deshalb von Ibsen auch als Impresario bezeichnet werden konnte. Für die ideelle Mitwirkung Langes an der Überrumpelung Ibsens spricht dagegen schon die schnelle Aufnahme des geänderten Schlusses in die gedruckte Übersetzung. Sie erschien schon Monate vor den ersten deutschen Aufführungen und bestimmte viel stärker als diese die öffentliche deutsche Diskussion.

Zur Verteidigung des originalen Schlusses gegenüber Laube benutzt Ibsen aber auch ein ökonomisches Argument. Er verweist nämlich darauf, dass »das Stück mit dem jetzigen Ausgang« – dem originalen Schluss – »sowohl in Kopenhagen wie in Stockholm und in Christiania einen dort fast beispiellosen Erfolg gehabt hat«

(a. a. O., Sp. 969), winkt also auch mit der gefüllten Theaterkasse. Das ist aus der damals noch ungesicherteren Situation der Theater und der ganz ungesicherten der Autoren heraus gedacht und deshalb doppelt verständlich; insoweit es zugleich von der festen Erwartung diktiert gewesen sein sollte, dass dem Schauspiel nach den ersten skandinavischen Triumphen ein ähnlicher Siegeszug durch die anderen europäischen Länder bevorstehen könnte, zuvörderst durch die deutschsprachigen, hätte Ibsen sich nicht verschätzt. Jenseits der anfänglichen Misserfolge wie in Wien, in Frankfurt oder am Residenztheater Berlin bewirkte *Nora* zusammen mit der von vornherein günstigen Aufnahme der *Gespenster*, des auf sie folgenden Schauspiels, den endgültigen Durchbruch des ibsenschen Dramas auf der deutschen und über sie hinaus auf der europäischen Bühne, wenn dort auch mit charakteristischen zeitlichen Verschiebungen. In Frankreich und Italien etwa fanden reguläre Erstaufführungen erst 1891 statt, in Frankreich sogar nur im Rahmen einer Pariser Privataufführung, in Italien dagegen, und zwar in Mailand, schon mit Eleonora Duse, die dann aus dieser Rolle, ähnlich wie auf minderem Niveau Hedwig Niemann-Raabe, eine der großen Rollen ihres Lebens machte, dieser Rolle damit aber auch den Nimbus einer der großen Rollen der Weltliteratur verlieh. 1900, als das »Litterarische Echo« die Öffentlichkeit über die Entstehung des geänderten Schlusses aufklärt, ist *Nora* schon Ibsens »heute meistgegebenes Schauspiel« und Ibsen selbst eine so unanfechtbare Autorität, dass Korrekturen an seinen Stücken nach dem Gutdünken von Schauspielerinnen oder unter Berufung auf das Publikum undenkbar erscheinen. Die leicht servile, schmusige Versicherung der Hedwig Niemann-Raabe, dass der Schluss allerdings für sie geändert worden sei, die Initiative dazu aber nicht eigentlich von ihr ergriffen, weil sie »einem Meister wie Ibsen, gegenüber eine solche Forderung zu stellen, niemals gewagt haben würde« (a. a. O., Sp. 970), verbrämt denn auch nachträglich nur, dass zwanzig Jahre früher nichts anderes als eine Pression des Autors Ibsen durch sie und ihre Helfer versucht worden und auch geglückt war.

Das eigentlich Bemerkenswerte an dieser Erfolgsgeschichte ist aber, dass sie zu großen Teilen nicht mit dem Rückenwind der Kritik, sondern gegen sie zustande kam. Natürlich kostet es im nachhinein immer wenig, sich über die Unzulänglichkeiten verblichener Kritiker zu amüsieren; hier rumort in ihnen wohl eine vorab getroffene, sicherlich nicht bewusste, den Verlust gesellschaftlicher Machtstellung befürchtende Parteinahme, das Gegenteil der Identifikation mit Nora, die unter den Frauen um sich griff und ein Votum zugunsten des Schauspiels leicht machte. Auch am Jahrhundertende ist die literarische Kritik noch eine fast unangetastete Domäne der Männer; der von vornherein männlich bestimmte Blick auf das Schauspiel, besonders den dritten Akt und seinen Ausgang, manifestiert sich schon in dem hin- und hergewälzten ethischen Hauptproblem, ob eine Frau überhaupt so handeln dürfe. In seinen Extremen führt das zur Denunziation Ibsens und seiner Figuren, neben Nora etwa auch des Doktors Rank, als bloßer psychopathologischer Erscheinungen oder zu pseudojuristischen Salbadereien, die an Nora noch einmal dieselbe Verdammung vollstrecken, wie sie Laura Kieler erfuhr: Damit braucht man sich außer zur Belustigung schwerlich abzugeben; aber selbst Fontane bespöttelt Nora noch am Jahrhundertende als »die größte Quatschlise, die je von der Bühne herab zu einem Publikum gesprochen hat« (Brief an Friedrich Stephany vom 22. März 1898). Eine der ernster zu nehmenden Kritiken ist 1976 von Wilhelm Friese in dem Bändchen *Ibsen auf der deutschen Bühne* wiedergedruckt worden; sie stammt von dem Romancier Friedrich Spielhagen, erschien schon 1880 in »Westermanns Monatsheften«, deren Herausgeber der Autor damals war, und versucht die Schocks von Lektüre und miterlebten Aufführungen mit liberal getöntem Wohlwollen zu verarbeiten. Dabei gibt sie, wie in den folgenden Passagen, eine höchst anschauliche Schilderung des Milieus, in dem die Berliner Diskussion des Stückes sich abspielt, und der Grade von Überhitzung, die sie erreicht hat.

»Wohin man kam – in jedem der Kunst und Literatur holden Salon – überall fand man mitten zwischen den illustrirten Prachtbänden jenes unscheinbare gelbe, ›für zwanzig Pfennige einzeln käufliche‹ Heftchen No. 1257 der Reclam'schen Universalbibliothek mit dem Titel: ›Nora. Schauspiel in drei Aufzügen von Henrik Ibsen. Deutsch von Wilhelm Lange‹; und man konnte mit ziemlich sicherer Chance des Gewinnens eine Wette darauf eingehen, es werde innerhalb der nächsten Viertelstunde von irgend einer schönen oder nicht schönen Lippe der klangvolle Name der Heldin des Schauspiels ausgesprochen werden und sich daran sofort eine lebhafte Discussion knüpfen, deren Ende nicht leicht abzusehen war. Ja, mit der Lebhaftigkeit war es meistens nicht gethan; oft genug steigerte sich dieselbe zu einer eben nur noch durch die gesellschaftliche Sitte verhüllten Leidenschaftlichkeit, als handele es sich um Freihandel oder Schutzzoll, Mozart oder Wagner. Und in diesen oder ähnlichen heiklen Fragen habe ich doch selbst erhitzte Gegner manchmal schließlich zu einer Art von Verständigung gelangen, zum mindesten ein Compromiß schließen sehen. In der Nora-Frage gab es keine Verständigung, kein Compromiß. Schwarz blieb schwarz und weiß blieb weiß und damit basta!« (a. a. O., S. 1)

Es ist eine Diskussion außerhalb, sogar noch vor den ersten deutschen Aufführungen, die hier sichtbar wird, und in ihr, in der fiebrigen Lektüre und Mundpropaganda immer neuer Leserinnen hat man die zureichende Erklärung für die kulturelle Gegenwärtigkeit des Schauspiels auch nach seinen ersten Misserfolgen auf dem Theater zu suchen. Conrad Alberti, in Berlin lebender Schriftsteller und Schauspieler, echauffiert sich noch 1890 in der »Gesellschaft« (Jg. 6, S. 1022-1031) unter dem Titel *Die Frau und der Realismus* über das Nora-Fieber der Damen aus der Berliner Großbourgeoisie; hämisch will er für das Schauspiel einen neuen Titel vorschlagen: Nora oder die Folgen duseliger Frauenerziehung. Aber auch bei dem liberalen Spielhagen muss man auf die Details achten, etwa auf die pointierte Unterscheidung einer »schönen oder nicht schönen Lippe«, von der alsbald im Salon »der klangvolle Name der Heldin« ausgesprochen werde, um zu entdecken, wie dicht unter der Oberfläche des Wohlwollens auch hier die Bereitschaft zur Abwehr sitzt. So sieht er sich auch einig mit aller Welt in dem »überaus peinlichen Eindruck«, den das Schauspiel auf jedes gesunde Gefühl mache; nur dass er das nicht einfach feststellt, sondern wenigstens für sich selber redlich begründet. Er ist zwar nicht der Meinung, auch eine Ehe, aus der die Liebe gewichen sei, müsse bestehen bleiben, aber die Geschichte Noras hält er für ein Stück dialogisierten

Romans, zu weit hergeholt und mit einem zu ausgeklügelten, aus zuviel leidenschaftlicher Beteiligung des Autors herausgerechneten Ende. Das sei nicht das vermutliche Ende des Romans: Von Laubes gattungstheoretischem Einwand gegen den originalen Schluss und von allen anderen untergründigen oder offenen Beanstandungen des ausbleibenden Happyends, also auch von Hedwig Niemann-Raabes anderem Schluss, ist das nicht weit entfernt. Es stellt sich nur als eine etwas gewundenere Form der Verurteilung von Noras Weggehen dar, nicht mittels moralischer, sondern ästhetischer Kategorien vorgetragen; nicht fern auch Fontanes apodiktischer Behauptung, wiederum aus dem Brief an Friedrich Stephany vom 22. März 1898: »In der Mehrzahl seiner Dramen ist alles unwahr.« Dem folgt die zitierte Verspottung Noras als Quatschliese – die motivische Kontinuität in diesem frühen Anstrampeln berühmter und beiläufigerer Namen gegen das Schauspiel ist, mit den Augen von Zeitgenossen gesehen, erdrückend. Nur zeigt sich gerade darin, wie weit Ibsen mit seinem dramatischen Modell des Weggehens der Frau als Anfang ihrer Selbstbestimmung seinen hohnlachenden Kritikern voraus ist. Ihre Kritiken erscheinen nach hundert Jahren als kulturhistorisches Geröll.

Dass den Frauen, die sich mit Nora identifizierten, die dramentechnische Struktur des Schauspiels jenseits ihrer unmittelbaren Handlungseffekte ziemlich gleichgültig war und die Frage, ob Nora als dramatische Figur nicht auch rückwärts gewandte Züge enthalte, in der zeitgenössischen Diskussion überhaupt nicht auftaucht, ist verständlich. Identifikationsbedürfnisse vereinfachen immer; auch den Essayistinnen der frühen Frauenbewegung, die sich mit der Darstellung der Frau in der Literatur befassen, wie Laura Marholm oder Ella Mensch, bleibt die Erörterung von Problemen der Form weitgehend fremd. Erst seit den späten achtziger Jahren beginnt abseits von Tageskritik und Feuilleton sich eine deutsche Ibsenforschung zu etablieren, die ihr Augenmerk immer stärker auch auf diese Aspekte richtet und die einzelnen Dramen aus ideen- und formgeschichtlichen, auch biographischen Zusammenhängen zu begreifen sucht. Sie ist zwar nicht unmittelbar von theaterpraktischen Gesichtspunkten bestimmt, wirkt aber in die Aufführungsgeschichte zurück, so in den musterhaft texttreuen, auf naturalistischen Darstellungsprinzipien basierenden und Ibsens aufklärerischen Intentionen besonders nahe kommenden Privatvorstellungen des 1889 in Berlin gegründeten Vereins »Freie Bühne« unter dem Literaturhistoriker Otto Brahm. Ihr erstes umfassendes Werk war die 1894 erschienene Schrift *Henrik Ibsens Dramen* des Wiener Literaturhistorikers Emil Reich; sie bereitete in ihrer Wirkung die von Georg Brandes, Julius Elias und Paul Schlenther seit 1898 bei S. Fischer herausgegebenen *Sämtlichen Werke* vor und strahlte bis weit in die zwanziger Jahre aus; innerhalb von nur drei Jahrzehnten erfuhr sie über ein Dutzend Auflagen. Das auch von späterher Bemerkenswerte, gedanklich Neue ihres Kapitels über *Nora* liegt darin, dass es die Absage an eine Ehe, die keine mehr ist, und das Weggehen der Heldin nicht als isolierte dramatische Konzeption Ibsens fasst, sondern in die Geschichte der sozialen Bewegungen des 19. Jahrhunderts hineinstellt. Ibsen selber wird für die Angängigkeit dieser Verknüpfung zum Zeugen aufgerufen, so durch ein Zitat von 1885 aus einer Ansprache vor Arbeitern in Drontheim: »Die Umformung der sozialen

Verhältnisse, die man jetzt draußen in Europa vorbereitet, beschäftigt sich wesentlich mit der zukünftigen Stellung der Arbeiter und der Frauen. Sie ist es, auf die ich hoffe und warte, und für sie will ich wirken und werde ich wirken mein ganzes Leben lang, so viel ich vermag« (Reich, a. a. O., S. 207). Von hier aus erscheint das Schauspiel, ohne dass Ibsen politisch überanstrengt würde, als frühe Station des sozialen Wirkens für die Frauen, und dies macht nicht nur seine Verteidigung gegen kulturkonservative Angriffe leichter, es vereinfacht auch die Analyse des Charakters der Heldin. Nora ist für Reich im Sinne der Milieutheorie Hippolyte Taines milieugeschädigt, ihre Schwächen erklären sich aus negativen Faktoren ihrer Umwelt. Zur Bekräftigung dieser These dienen Reich auch die Veränderungen der dramatischen Konzeption über die verschiedenen Textstufen bis zur Reinschrift; in ihnen erkennt er Belege für eine Schritt für Schritt verlaufende Zuspitzung von Noras Charakter auf diesen milieutheoretischen Kern hin. Dass die Nora der Schlussszene dann freilich psychologisch schwer begreiflich bleiben muss, liegt nahe: Milieutheorie, so ausschließlich gehandhabt, hat ihr Richtiges und ist dennoch flach; aber das beeinträchtigt nicht die Bedeutung dieser Interpretation. Sie setzt für das Schauspiel, wie für alle anderen Dramen Ibsens, Maßstäbe wissenschaftlicher Reflexion, beschreibt seine sozialgeschichtlichen Voraussetzungen und bekundet dabei auch die der Frauenbewegung geltende Sympathie des Autors. Eine Fundgrube sind die späteren Auflagen der Schrift von Reich für die statistische Seite der Wirkungsgeschichte. Neben den Übersetzungen ins Deutsche und die anderen europäischen Hauptsprachen, das Englische, Französische, Italienische, Spanische, Russische gibt es bald auch Übersetzungen ins Schwedische, Finnische, Holländische, Vlämische, Polnische, Tschechische, Kroatische, Serbische, Rumänische, Mazedonische, Portugiesische; Erstaufführung in St. Petersburg schon im November 1881, in Warschau im Februar 1882, in Louisville/Kentucky 1883, in London, allerdings mit stark überarbeitetem Text, 1884, in Prag 1889; vom selben Jahr an eine immer dichtere Folge von Aufführungen in fast allen Ländern mit europäisch bestimmter Theaterkultur, allein in Amsterdam einhundert Aufführungen innerhalb von drei Jahren, in den Vereinigten Staaten triumphale Tourneen mehrerer Darstellerinnen von Küste zu Küste, in Südamerika Gastspiele aus Paris. Zu Hedwig Niemann-Raabe, Marie Ramlo, Eleonora Duse und Betty Hennings, der Nora der Kopenhagener Uraufführung, treten als Aktricen, die mit der Rolle reisen und mit ihr identifiziert werden, Agnes Sorma, Rosa Retty, Janet Achurch, Suzanne Després und Helene Odilon; Suzanne Després spielt auch die Nora, als das Schauspiel am 25. Mai 1906 in Paris als Trauerfeier auf Ibsens Tod gegeben wird. So wenig solche Fakten auch über die ästhetische Qualität von Aufführungen besagen, sie machen deutlich, dass der Wirkungsschub, der dem Schauspiel aus der Emanzipationsbewegung heraus zugute gekommen war, das Ende des sozialkritisch engagierten Dramenrealismus und das Abflauen der Emanzipation überdauerte. Ibsen selber schätzte in seinen letzten Jahren deren Aussichten eher skeptisch ein; Marie Ramlo hatte schon 1887 mit ihrem Mann, eine Pointe eigener Art, ein Lustspiel *Die Emanzipierten* veröffentlicht, in dem sie die ganze Bewegung verhöhnte.

Hedwig Niemann-Raabe, 1880

Marie Ramlo, 1880

Eleonora Duse, 1891

Agnes Sorma, 1894

Inzwischen ist die deutsche Ibsenforschung weit über ihre Anfänge hinausgelangt; sie hat auch die Aufführungsgeschichte der Dramen systematischer und nicht nur unter dem Gesichtspunkt von Daten und Zahlen dokumentiert. Theatergeschichtliche Institute sammeln Materialien, aus denen die ideelle und visuelle Disposition von Inszenierungen wenigstens in großen Zügen rekonstruierbar werden, Rezensionsarchive machen die professionelle Kritik an Aufführungen verfügbar; es gibt Publikationen, die die Rezeptionsgeschichte einzelner Stücke nachzuzeichnen versuchen. Wenig ergiebig im Hinblick auf *Nora* ist David E. R. Georges Schrift *Henrik Ibsen in Deutschland. Rezeption und Revision* von 1968, ungleich reichhaltiger dagegen, wenn auch manchmal mühevoll zu lesen, Michaela Giesings Dissertation *Ibsens Nora und die wahre Emanzipation der Frau* von 1984. Mühe macht ihre Lektüre unter anderem, weil die Verfasserin selber eigentümlich retrospektiv verfährt: Sie setzt bei den literarischen *Nora*-Fortsetzungen der siebziger Jahre an, referiert danach die Rezeptionsgeschichte von der Weimarer Republik bis zu den siebziger Jahren, die sie im Großen und Ganzen als ideologisches Kontinuum auffasst, und springt erst dann auf ihr Hauptinteressengebiet, die wilhelminischen Jahrzehnte zurück, diese ohnehin gezackte Linie noch durch zahllose wichtige Anmerkungen, Zitate und Querverweise aufspaltend. Dennoch hebt sich auch hier eine Geschichte der Aufführungen ab, die wie die Geschichte der Übersetzungen zugleich eine Geschichte der kulturellen Präsenz und der sozialen Auslegung des Schauspiels enthält, und darin gibt es zwischen Übersetzungs- und Aufführungsgeschichte sogar deutliche Parallelen. Der Lücke von etwa fünfzig Jahren in der Übersetzungsgeschichte entspricht mit nur geringen Abweichungen der Zeitraum zwischen dem Weltkrieg und den siebziger Jahren, in dem das Schauspiel zunächst konservativ umgedeutet wird, nämlich in Richtung auf eine unaufhebbare Fremdheit zwischen Frau und Mann, darauf, nach 1933, den Grundsätzen nationalsozialistischer Weltanschauung angepaßt und am Ende, in der frühen Bundesrepublik, den Normen christlicher Familienpolitik unterworfen wird. In allen drei Phasen erfolgt noch eine Berufung auf Frauenbewegung, aber um den Preis, dass sie als abgetan oder in ihren Forderungen eingelöst betrachtet wird; der Schock der deutschen Erstaufführungen ist durch das Unkenntlichmachen der Emanzipationsidee abgefangen. Als paradigmatische Aufführungen für die konservative Umdeutung könnten die mit Lucie Höflich in den Berliner Kammerspielen 1917, mit Käthe Dorsch im Berliner Deutschen Theater 1923 und mit Käthe Gold im Breslauer Schauspielhaus 1932 gelten; als Beispiele der gewundenen Annäherung an das nationalsozialistische Frauenbild die mit Hilde Hildebrandt am Berliner Renaissancetheater von 1939 und die mit Hilde Krahl 1943 im Deutschen Theater unter Heinz Hilpert. In der Bundesrepublik der fünfziger und sechziger Jahre ist *Nora* zwar wieder das meistgespielte Drama Ibsens; als besonders charakteristisch für das dem deutschsprachigen Publikum dieser beiden Jahrzehnte Zumutbare wäre aber nicht eine der Inszenierungen an stehenden Theatern zu nennen, sondern die 1964/65 von Wien aus über Berlin bis in die Provinz vorgetriebene Tournee mit Maria Schell und Veit Relin. Der Regisseur Imo Moszkowicz hatte Nora, der Rollentypik Maria Schells, aber damit auch der verlogen sentimentalen Atmosphäre der kulturellen Restauration angemessen, zum aufgescheuchten Seelchen gemacht; die Kritik reagierte großenteils boshaft, von den Zuschauern kam kein Protest.

Soweit die Aufführungen dieser Jahre zu rekonstruieren sind, haben sie den ständig größer werdenden zeitlichen Abstand von der historischen Gegenwart des Schauspiels noch nicht als Inszenierungsproblem begriffen. Es besteht ja unter anderem darin, wie man nach zwei oder drei Generationen den offenen Horizont des Schlusses immer noch so aufregend neu hinzustellen vermöchte wie in den Jahren der Uraufführung – keine aktualisierende Übersetzung könnte das schon von sich aus leisten. Erst in der zweiten Hälfte der sechziger Jahre ist das sprunghaft bewusst geworden, vor allem in Peter Zadeks sensationeller Inszenierung von 1967 mit Edith Clever an den Bremer Kammerspielen. Zu Recht macht Michaela Giesing darauf aufmerksam, dass dies die Jahre der Protestbewegungen waren, auch eines nicht bloß dekorativen Wiederaufgreifens von Emanzipationsforderungen, und ohne Anstöße aus der intellektuellen Mobilität dieser Jahre wäre Zadeks Inszenierung mit ihrem Versuch einer Separation des Stückes von seinem historischen Ort wohl auch schwer vorzustellen. Das Ergebnis freilich präsentiert sich im Rückblick, so wichtig es für die ganze Aufführungsgeschichte auch sein mag, als exquisites Regietheater ohne substanzielle Bindung an die Emanzipationsperspektive von Ibsens Text. Die Überlegung, wie das Schauspiel in die Gegenwart der sechziger Jahre umgesetzt werden könnte, führte nicht etwa in die Wirklichkeit männerbeherrschter Nachkriegspuppenheime, sondern bloß zum manieristischen Aufbrechen historischer Bühnenillusion, damit aber zu einer Erschwerung des Wiedererkennens eigener Erfahrungen. Ausgespart wird vor allem die Übermacht greifbarer Faktoren, die Nora in das Milieu ihres Puppenheims pressen; das Bühnenbild ist von Ibsens symbolischer Dingwelt gänzlich entleert. Eine Rezension Ernst Wendts in »Theater heute« vom 5. Mai 1967 beschreibt es folgendermaßen:

> »Das Puppenheim muss ohne Weihnachtsbaum auskommen, ohne Pianoforte und Schaukelstuhl, ohne Kachelofen, Bücherschrank und Nippes und ohne Kupferstiche an den Wänden. [...] Aber es ist auch keine Wohnstube, sondern: ein auf der Bühne für die Bedingungen des Spiels zugerüsteter Raum, in dem alles Atmosphärische, aller Zierrat und was immer der Vervollständigung eines realistischen Wohnzimmers dienen könnte [...], abgeschafft ist. Der Raum [...] ist nach hinten abgeschlossen durch ein streng gemustertes, weiß-gelbes Verandamuster, dessen Geometrie durch ein Blumenarrangement auf der Fensterbank relativiert wird. Rechts und links ist der Raum begrenzt durch eine schlicht gemusterte Tapetenwand im unauffälligen bürgerlichen Geschmack des ausgehenden 19. Jahrhunderts. Die beiden Wände sind in einiger Entfernung vor der Rampe nach außen abgewinkelt: da ist dann auf beiden Seiten hart am Bühnenrand je eine Tür, nach vorne gerichtet, zum Zuschauerraum sich öffnend. Ein Raum also, der sich demonstrativ zum Parkett hin aufschließt, dessen Grundriss ihn nicht als geschlossenes Zimmer, sondern als den Ausschnitt aus einem Zimmer ausweist. Er enthält ein einziges Möbel, ein Sofa, das ungefähr im Schnittpunkt der Diagonalen steht und nach vorn gerichtet ist.« (S. 29)

Man muss noch einmal Ibsens Bühnenanweisung lesen um den radikalen Abbau visueller Bestimmungsstücke zu begreifen, der hier unter dem Gesichtspunkt der

Enthistorisierung vor sich geht. Aber auch in den authentischen Ablauf des Stückes wird eingegriffen: Große Teile sind gestrichen, die verbliebenen modernistisch umredigiert; als Begründung dienen gewandelte Sehweisen im Gefolge der neuen Medien. Die zitierte Besprechung aus »Theater heute« liefert dazu den folgenden, als Zustimmung zu verstehenden Kommentar:

> »Zadeks ›Nora‹ geht aus von der Überlegung, dass die zwanghaften Konstruktionen des naturalistischen Aktestückes einem durch Film und TV an diskontinuierliche und sprunghafte Abläufe gewöhnten Bewusstsein widersprechen. Darum schneidet er alles heraus aus dem Stück, was bei Ibsen – einer konventionellen Dramentechnik zuliebe – lediglich der Kontinuität dient. Die erzwungenen Kausalitäten, die ja nicht von den Vorgängen selbst, sondern von der Theater-Konvention gefordert werden, sind gekappt, alle spitzfindigen Begründungen für die Auftritte einzelner Figuren, die umständlichen Einführungen einzelner Personen durch das Dienstpersonal, alle Gewaltsamkeiten, die die tatsächliche mit der gespielten Zeit übereinbringen, fallen weg. Noras Freundin wird also nicht erst durch ein ›Gnädige Frau, da ist eine fremde Dame‹, durch ein ›Guten Tag‹ und ein ›Wie! Christine! Bist dus wirklich?‹ ins Spiel gebracht: sie sitzt gleich zu Beginn mit Nora auf dem Sofa« (a. a. O., S. 29).

Das übrig gebliebene Sofa wird also wenigstens noch benutzt; aber mit diesem neuen Anfang fällt natürlich die das ganze Stück verklammernde Motivik, dass Nora die Bühne durch die Tür betritt, aus der sie am Schluss hinausgeht – das Stück ist ja überhaupt eines der unablässig bewegten Türen. Auch sonst bedeutet diese medienorientierte Umformung nichts anderes, als dass der Formsinn der ibsenschen Dramaturgie, die Demonstration des allmählichen, aber in seiner Allmählichkeit unaufhaltsamen, selbst noch das konventionellste szenische Element integrierenden Hervorbrechens der Wahrheit, kurzerhand außer Kraft gesetzt wird. Die drei Akte mit ihrer wachsenden, sich in der Schlussszene entladenden Spannung werden – so wieder der Rezensent – »umfunktioniert« zu einer »Folge von elf langen Einstellungen«, die »je durch einen kurzen Blackout getrennt sind« (a. a. O., S. 29); was dabei auf der Strecke bleibt, ist auch Noras allmählich aus der Leidensfähigkeit hervorbrechender Lebenswille. Eigentlich bleibt das ganze Stück auf der Strecke, sofern man Zadek nicht zubilligt, dass er eine wichtige Studie zur Auswirkung von Kinoästhetik auf das Theater erbracht habe, und tatsächlich versucht ihn der Rezensent auch noch durch das Argument zu verteidigen, dass er die Struktur inszeniere und nicht »das vorgebliche Thema des Stückes«. Ist das auch ästhetische Mobilität der sechziger Jahre, so zeigt sie sich in paradoxer Weise von deren sozialkritischen Interessen unberührt.

Die zweite überregional bedeutende Nachkriegsinszenierung, 1972 von Hans Neuenfels mit Elisabeth Trissenaar in Stuttgart und später in Frankfurt am Main ausgerichtet, braucht man sich nicht erst über Beschreibungen von Theaterkritikern zu rekonstruieren; ihr Bühnenbild und szenische Höhepunkte sind durch Fotografien überliefert. Auch sie hat eine Aktualität des Schauspiels herauszustellen versucht, aber auch bei ihr traf dieser Versuch, so splendid er ins Werk gesetzt wurde, an der Emanzipationsidee Ibsens vorbei. Zwar blieb der Text im Unterschied zu Zadeks medienästhetisch motivierten Eingriffen im Großen und Ganzen unangetastet; dafür passierte trotz quirliger Hektik auf der Bühne im Grunde nichts mehr: das Stück verharrte, folgt man den Beobachtungen der Rezensenten, in einer kochenden Statik. Ausschlaggebend für diesen Inszenierungsstil dürfte zum einen gewesen sein, dass Neuenfels über das psychologisch Unwahrscheinliche der raschen Wandlung Noras nicht hinwegsehen wollte und sich deshalb entschloss, sie durchgehend als Zwitter aus Lerche und Löwin agieren zu lassen, die ibsensche dynamische Doppelbödigkeit also durch eine von der Darstellerin festzuhaltende, sozusagen statuarische Doppeldeutigkeit ersetzte; zum anderen lag dieser Entschluss wohl schon von einer ganz anderen anthropologischen Grundannahme des Regisseurs her nahe. Ibsens Personen sind, wenigstens in diesem Stück, noch zur Selbständerung fähig, auch wenn das nur an Nora und, in minderem Maße, an Christine Linde und Krogstad demonstriert wird; die Personen in der Inszenierung Neuenfels' bleiben ohne Ausnahme unrettbar in den pathologischen Status festgebannt, in dem sie die Bühne betreten haben. »Alle in diesem Heim«, benennt das der Kritiker Reinhard Baumgart, »sind Puppen, alle ›außer sich‹, in Rollen, in die ihre Stellung in der Gesellschaft sie dressiert hat, als Eheweibchen, als Advokat mit oder ohne Makel, als Frau ohne Geld und Aufgaben, als moribunder Sohn eines Bonvivants« (Theater heute, März 1972, S. 32). Man erkennt leicht, auf welche in der Protestbewegung populär gewordene kulturkritische Diagnose sich das stützt: auf die vom unaufhebbaren Identitätsverlust in westlichen, kapitalistisch bestimmten Gesellschaften, und sogleich werden auch die Konsequenzen verständlicher, die der Regisseur dann auf sich zu nehmen hatte. Auch die Puppe Nora bleibt wie jede andere Person Puppe; wie jede andere wird sie in ein karikaturhaftes Extrem ihrer selbst gesteigert, nämlich das der wild umherrennenden Hysterikerin; wirkliches Thema dieser Inszenierung ist die Fremdheit zwischen Entfremdeten und die Bühnenhektik nur deren Bewegung vortäuschende Kompensation. Dies besagt nichts anderes, als dass Neuenfels das Ungleichgewicht zwischen Mann und Frau wie auch seine prozesshafte Austragung nicht ernsthaft interessiert; die retrospektiv analytische Dramaturgie Ibsens, also die Zuspitzung durch fortschreitende Enthüllung, wird umgedreht in eine vorweg genommene Annihilierung alles der Möglichkeit nach noch Geschehenden. Mit einem Satz von Peter Iden, dem Kritiker der »Frankfurter Rundschau«: »Was noch geschieht, ist unwichtig, weil alles schon geschehen ist« (Theater heute, März 1972, S. 34). Für die große Schlussszene, aber auch schon für die szenische Bündigkeit vorher hat das seine besonderen Konsequenzen. Peter Iden fasst sie wie folgt zusammen:

> »Daran hängt jedoch auch der Ausbruch Noras am Ende. Als der Betrug, den sie aus Liebe beging, ans Licht kommt (bei Neuenfels wird aber die Vermutung erzeugt, dass er immer schon offen lag), hofft Nora, der Mann werde alle Schuld auf sich nehmen; er tut es nicht, Nora stößt da auf die Wahrheit ihrer Ehe, die Einsicht, dass es nie eine Ehe war, und geht. Indem Neuenfels diese Einsicht dauernd vorgibt, ist es unnötig, sie noch als Konsequenz der Handlung zu entwickeln. Die Aufführung verfolgt ihr Stück nur noch zum Schein.
> Man spürt im Verlauf des Abends immer wieder, wie Ibsens Text sich gegen die ständigen Vorwegnahmen dessen sperrt, was er im Einzelnen jeweils Schritt für Schritt erst herstellen

Uraufführung Kopenhagen 1879: Peter Jerndorff (Rank), Betty Hennings (Nora), Agnes Dehn (Frau Linde), Emil Poulsen (Helmer)

Frankfurt 1972: Elisabeth Trissenaar (Nora), Berthold Toetzke (Krogstad)

Frankfurt 1972: Elisabeth Trissenaar, Peter Roggisch (Helmer)

Berlin 1976: Werner Kreindl (Helmer) Cordula Trantow (Nora)

will. Die Aufführung liegt oft quer zu ihrem Gegenstand. Neuenfels ist das in der Arbeit wohl selber aufgefallen; er versucht nun, falsche unhaltbare Beziehungen zwischen Wörtern und den Haltungen derer, die sie sprechen, bewusst als stilistische Eigenarten seiner Inszenierung einzusetzen. Der Erpresser sagt der Nora voraus, sie werde schon nicht sich das Leben nehmen, wenn Helmer alles erführe, ins Wasser gehen und so – ›so etwas tut man nicht‹. Aber während Krogstad das behauptet, wirft Nora seinen Hut aus dem Fenster. Der Satz des Mannes bezieht sich nun auf das Hinauswerfen des Hutes, nicht auf eine Lebenslage, über die ein Mensch, der sie aus eigener Erfahrung kennt, einem anderen etwas mitteilt« (a. a. O., S. 35).

Bei Ibsen wird kein Hut aus dem Fenster geworfen. Es handelt sich um einen der vielen Einfälle des Regisseurs, die die habituelle Hysterie Noras glaubhafter machen sollen, das heißt, wie schon bei den Eingriffen Zadeks, nicht so sehr um eine Aktualisierung des Autors, sondern um seine Umdeutung. So ist es auch dasselbe Fenster, aus dem der Hut fliegt, durch das Nora am Schluss mittels einer Leiter hinausklettert; das Fenster aber, bei Ibsen in der linken Wand untergebracht und eine Nebensache, gehört hier in seiner Größe und seiner Plazierung wie der ganze Raum, in dem es sich befindet, schon nicht mehr in eine bürgerliche Wohnung; es imaginiert Palast. Nichts von Zadeks gegen zuviel historische Illusion anarbeitender Kargheit, aber auch nichts mehr von Ibsens bescheidenerem Aufsteigerambiente: Giftgrüner Hochfinanzluxus, aus dem alle Spuren von Helmers schwierigem Aufstieg getilgt sind. Auch Noras Abgang verliert dadurch alle soziale Spannung; keine Selbstmächtigkeit mittels Selbsterziehung kann es nach ihm mehr geben, nur ohnmächtiges hysterisches Fortwüten in beliebigen anderen, ebenso von Fremdheit ausgehöhlten Beziehungen. Auch das also bloß ein paradoxes Resultat der Anstöße aus den Protestjahren; aus Ibsens Konzeption wird gerade die Perspektive gestrichen, in der sie dem zeitweiligen neuen Revolten- und Emanzipationsbewusstsein am nächsten zu stehen scheint.

Wie sensibel in der Aufführungsgeschichte auf Stimmungsumschwünge im öffentlichen Bewusstsein reagiert werden kann, zeigt schließlich drastisch eine dritte aus den bemerkenswerteren Nachkriegsinszenierungen. 1976, als das Wegbrechen der Protestbewegungen offenkundig wurde, kam das Stück unter der Regie von Rudolf Noelte mit Cordula Trantow auf die Bühne des Westberliner Renaissancetheaters, eingerichtet als realistisches Kammerspiel, scheinbar Ibsennah, ohne erkennbare Aktualisierungstendenz, ein Musterfall konservativer Abkehr von gewaltsam hergestellten Gegenwartsbezügen. Näher besehen blieb von der Ibsennähe im entscheidenden Punkt, der Emanzipationsperspektive, hier erst recht nichts übrig. Noelte hatte durch Streichungen in Ibsens Text den durchlaufenden gesellschaftskritischen Strang unkenntlich gemacht; zwischen Helmer und Nora bestand kein patriarchalisches Gefälle mehr; beide waren nur noch im Bann einer schlecht metaphysischen Unmöglichkeit von Liebe edelnormal aneinander Leidende. Das Hauptmotiv des Widerstandes gegen das Schauspiel in den Jahren der Uraufführung: Verärgerung über die Kritik am Manne, kehrte schattenhaft in einer Aufbesserung Helmers, einem merkbaren Anflug von Verständnis für ihn zurück, und darin manifestiert sich gegenüber den problematischen Versuchen von Zadek und Neuenfels, eine neue Gegenwärtigkeit Ibsens durch rücksichtslose ästhetisch-strukturelle Modernisierung zu erreichen, eher eine neue Art von Ibsenferne. »Mit der dröhnend ins Schloss fallenden Tür«, resümiert die Feministin Michaela Giesing, »beginnt Noras Kampf erst«, und sie setzt mit etwas Pathos hinzu: »Wie er endet, ist unsere Sache« (S. 46). Freilich reduziert sie damit das Schauspiel, wie es schon die Frauen um 1890 taten, auf eine Handlungsanweisung, aber sie kennzeichnet damit auch ein Kriterium zur Beurteilung von Aufführungen, das immer noch existent ist und auch fernerhin Geltung haben wird: inwieweit eine Aufführung zur Befreiung der Frau und insofern zur Befreiung der Geschlechter aus den sie fesselnden Rollen beiträgt. Inzwischen gehört das Schauspiel längst zur Weltliteratur.

4.3 Literarische Fortschreibungen; Nora in Film und Comic

Es gibt in der Weltliteratur Figuren und Geschichten, die die Fantasie der Lesewelt so stark entzünden, dass an ihnen weitergedichtet wird. Das bekannteste Exempel ist die Geschichte vom Magier Faust – Goethes Tragödie nicht die letzte literarische Gestaltung, aber auch nicht die erste, sondern selbst schon Fortschreibung innerhalb einer viel älteren Überlieferung; an ihrem Anfang, und das gilt für alle oder fast alle dieser fortgeschriebenen Figuren, als historische Wurzel eine wirkliche, wenn auch schon verschwimmende Person. Der Anreiz für die Fantasie an ihnen weiterzubilden, ihre Geschichte fortzuspinnen oder anders auszufüllen, entspringt vielleicht auch diesem Element verbürgter historischer Wirklichkeit, in unvergleichlich größerem Maße aber der Steigerung solcher Figuren und ihrer Geschichten in den Rang urbildhafter Lebensmuster. Im Gelehrten, der nach Erkenntnis strebt, inkorporiert sich immer wieder ein Stück Faust, der unersättliche erotische Eroberer wiederholt Don Juan, Liebespaare gehen in Romeo und Julia über; noch Parodien und Travestien scheinen die Geltung solcher Urbilder nicht schmälern zu können, sondern nur zu bestätigen. In der eigentümlichen Variabilität ihrer Geschichten, in ihrer Wanderung durch das Bewusstsein von Generationen und der dabei hervortretenden Fähigkeit bedeutende psychische Energien zu binden und weiterzugeben, sind sie mythologischen Strukturen vergleichbar, und oft werden sie deshalb auch als moderne Mythen oder mythenähnliche Bildungen betrachtet. Alle freilich sind an ihrem Ort im Gegensatz zu Mythen bewusste Hervorbringungen eines Autors: Goethe hat nicht nur Faust fortgeschrieben, sondern auch die Figur des Werther ausgebildet, die bald von anderen fortgeschrieben und sogar im Leben bis zur Konsequenz der Selbsttötung wiederholt wurde; an das unglückliche Leben des Kaspar Hauser heftet sich, das deutlichste Beispiel der Entstehung eines Mythos mittels Literatur vor unseren Augen, eine immer länger werdende poetische Anthologie. Nora ist die jüngste der Figuren, in der ein solches Fortleben jenseits des Lebens der modellgebenden wirklichen Person, aber auch jenseits des sie literarisch konstituierenden Werkes begonnen hat.

Hier können dafür nur einige deutschsprachige Texte herangezogen werden; andere, es sind vor allem skandinavische und englische, müssen außer Betracht bleiben, auch wenn sie im Einzelfall, wie etwa die 1969 uraufgeführte Komödie *Was tat Nora, als sie hinausging?* des Dänen Erik Bruun Olsen, ins Deutsche übersetzt und auf einer deutschen Bühne gespielt worden sind. Der erste Text nimmt sich ebenso komisch wie unscheinbar aus. 1895 veröffentlicht der enthusiastische Ibsenverehrer Wilhelm Schäfer-Dittmar in dem Leipziger Verlag August Schupp eine Broschüre namens *Nora. Eine Lebensgeschichte,* die der immer noch umgehenden Kritik an dem Schauspiel entgegenwirken sollte, unbeabsichtigt aber eine Nora-Story von der authentischen dramatischen Form löst. Augenscheinlich erachtete der Verfasser Ibsens retrospektiv-analytisches Verfahren für schwer verständlich; deshalb beginnt er in leicht fasslicher Weise chronologisch von Noras Vater an zu erzählen:

»In irgendeinem Winkel des Landes lebt ein königlicher Beamter. Lange Jahre hat er seine Stellung schon verwaltet und sich in derselben das Vertrauen seiner Behörde erworben. Einzelne Stimmen, die an seiner Amtsführung etwas auszusetzen haben, wagen sich nicht recht an die Öffentlichkeit. Der Mann ist persönlich zu liebenswürdig, als dass er erbitterte Feinde haben könnte, außer einigen, deren Unwillen er erregt, weil er zu wenig Religion und zu wenig Moral hat. Er ist einer von den Menschen, die die glückliche Gabe haben, wie große Kinder ihr Dasein zu durchwandern« (S. 9).

So geht es gemütvoll weiter, immer in der Absicht, das Publikum zu unterhalten und zu belehren, über Noras entbehrungsreiche Kindheit und Jugend, das Bekanntwerden mit Helmer, die Heirat, die Fälschung der Unterschrift, bis die alles aufdeckenden Weihnachtstage hereinbrechen. Kaum etwas an Fakten ist vom Autor hinzuerfunden, alles wird aus Ibsen zusammengelesen, aber alles zugleich in eine melodramatische Tonlage hineingetrieben, in der die Zwischentöne Ibsens erstickt werden. Aus dem 4. und 5. Auftritt des 3. Aktes entsteht so folgendes vor Erregung bebendes Gebilde:

»Dr. Rank erscheint und nimmt Abschied für immer. Roberts Gedanken werden dadurch für kurze Zeit abgelenkt. Doch bald schon ist er wieder bei sich und Nora. ›Jetzt sind wir allein auf uns angewiesen! O, mein geliebtes Weib, mir ist's, als könnt' ich dich nicht fest genug halten. Weißt du, Nora, manchmal wünsch' ich, es möchte dir eine Gefahr drohen, auf dass ich Leib und Leben und alles, alles andere deinetwegen aufs Spiel setzen könnte!‹

Da naht sich das Wunderbare. Nora fühlt sein Wehen. Die herrlichen Worte Roberts waren das erste Signal, das sein Kommen ankündigte. Kein Zweifel mehr! Bald wird es erscheinen in seiner strahlenden Größe.

›Nun sollst du deine Briefe lesen, Robert!‹ Was sie noch soeben heiß ersehnt hat, Aufschub, er selbst bietet ihn an. Aber sie verlangt nicht mehr danach. Sie ist vorbereitet, vollständig; und nun will sie es erwarten, ihm entgegensehen, dem Ende, stark und ruhig.

›Robert, gute Nacht! – gute Nacht!‹ –

Jetzt ist alles vorbei. Sie wirft den Shawl über den Kopf und eilt zur Tür. Sie darf es ja nicht erwarten, das Wunderbare, das nun sicher kommen wird. – Und doch das Wasser, das eiskalte, schwarze Wasser! – Und dann diese Hoffnung auf das Größte und Schönste, auf das Wunderbare. Das alles lässt sie nicht. Wie sie noch steht in heftigem Kampf, stürzt Robert herein mit dem Brief in der Hand.

Nun ist es da.

Ein einziger Schrei entringt sich ihrer Brust. Und dann will sie hinaus. ›Du sollst mich nicht retten, Robert! Ich habe dich über alles in der Welt geliebt.‹

Da tönt es an ihr Ohr, das erste Wort, das an ihrem felsenfesten Glauben zu nagen beginnt: ›Komm mir nicht mit albernen Ausflüchten!‹« (S. 28 f.)

Wie das Kitschige dieser Passagen entsteht, lässt sich leicht ergründen. Es hängt an dem im Übermaß benutzten Erzählmittel der sogenannten Gedankenrede, also am unglaubwürdigen Mithören von Noras Gedanken und Gefühlen, und einer gleichzeitigen sprechblasenartigen Verkürzung von Ibsens Redetext, in der stellenweise schon die Comic-Sprache vorausgenommen scheint. Nur sind solche Einzelheiten weniger wichtig als das Faktum allgemeiner Relativierung der ibsenschen Textgestalt, das heißt auch der Autorität des Schauspiels im Ganzen: Entsprechende Vorgänge ihrer Suspendierung und der Herauslösung einer Nora-Story, die von da an als literarischer Stoff frei verfügbar ist, liegen aber allen Fortschreibungen zugrunde. Die rigiden Eingriffe aktualisierender Regisseure sind insofern, am Kriterium der Werktreue gemessen, nichts Besonderes. Allerdings wird in der Wirkungsgeschichte von Dramen, und das ist ein merkwürdiger Sachverhalt, dieses Kriterium im Unterschied zu allen anderen Kunstgattungen ohnehin am wenigsten gewahrt.

Das zweite Beispiel einer Fortschreibung will *Nora* nicht gegen Kritiker verteidigen, es will sich possenhaft an seiner frisch erworbenen Popularität reiben, wahrscheinlich nicht ohne Anregung durch die anfänglichen zwei verschiedenen Schlüsse. Im November 1901 hatte der aus Wien gekommene Schauspieler Rudolf Bernauer mit Tilla Durieux, Jenny Rauch, Paul Schwaiger, Leo Wulff und Carl Meinhard im Berliner Künstlerhaus das Kabarett »Die bösen Buben« gegründet; schon der erste Abend enthielt unter dem damals offenbar weithin verständlichen Titel *Nora, letzter Akt, letzte Szene* eine lange Nora-Parodie. Eigentlich waren es gleich fünf Parodien auf einmal, denn ihr Witz bestand darin, dass sie den Schluss Ibsens durch fiktive, bis ins grob Ulkhafte vorgetriebene Schlüsse im Stil der Dramatiker Wedekind, Maeterlinck, Georg Hirschfeld, Alexander Bisson und Josef Lauff ersetzte, der generellen Parodie Ibsens also gleich noch die Parodien prominenter anderer Bühnenautoren der Zeit beigab – Josef Lauff etwa war der wohl gelittene Hofdramatiker des Hauses Hohenzollern. 1902 erschien das Opus sogar als Nr. 89 der Reihe »Fastnachts-Bühne« des Theaterverlages Bloch im Druck. Da sich in deutschen öffentlichen Bibliotheken kein Exemplar mehr finden lässt, ist man auf die spärlichen Beschreibungen in kulturhistorischer Literatur angewiesen. Besonderen Effekt scheint der Schluss nach Frank Wedekind, gespielt von Jenny Rauch und Paul Schwaiger, gemacht zu haben; über ihn liest man in den 1981 von Helga Bemmann herausgegebenen »Berliner Musenkinder-Memoiren«:

»In der Fassung à la Wedekind gesteht Nora, die Heldin des Dramas, ihrem Mann Helmer, daß sie ihn verlassen werde. Seine Vorwürfe, dies sei doch Wahnsinn, weist sie zurück mit dem Argument, dass sie bis jetzt in dieser Ehe wahnsinnig gewesen, nun aber vernünftig geworden sei und deshalb in ein Irrenhaus gehe. Helmer, der nichts mehr begreift, fleht sie inständig an, ihn dorthin mitzunehmen. Im Parkett war man höchst amüsiert.« (S. 35 f.)

Paul Schwaiger und Jenny Rauch in der Bernauer-Parodie auf Ibsens »Nora«, 1901

Das schließt noch, fatal genug, bei den pseudomedizinischen Diagnosen misslauniger Kritiker an, nimmt aber in seiner bösartigen Flachserei doch auch schon das Hauptinteresse fast aller späteren Fortschreibungen voraus. Es ist die Frage, um deren Beantwortung sich Ibsen selber noch nicht zu bekümmern brauchte: Was aus Nora denn nun wirklich geworden sei oder wie man sich die Ausfüllung des offenen Schlusses im Einzelnen zu denken habe. Hier wird sie hämisch und trotz der Berufung auf Wedekind verdeckt konservativ beantwortet; später gehen, zumindest dem Anspruch nach, in die Versuche die Perspektiven des Schauspiels fortzuschreiben, die Erfahrungen neuer Jahrzehnte von Frauengeschichte ein.

Die beiden deutschsprachigen Beiträge dazu sind zwei lange Theaterstücke, ganz unterschiedlich in ihrem Ansatz und ebenso unterschiedlich in ihrem Verhältnis zur ideellen Konzeption Ibsens. Sie stammen beide aus den siebziger Jahren, also schon aus der Nachkriegszeit und der Nachbarschaft der früher berührten Aktualisierungsversuche auf dem Theater, haben beide den hundertsten Jahrestag der Uraufführung zum Anlass und, das macht sie besonders beachtenswert, Frauen zu Autoren. Zwar sind sie nicht die ersten wirklichen Theaterarbeiten in der Fortschreibung Noras, aber sie sind repräsentativ für bestimmte einander entgegengesetzte Tendenzen in der Selbsteinschätzung der Frau nach dem Abbrechen der Protestbewegungen. Die erste, Elfriede Jelineks Stück *Was geschah, nachdem Nora ihren Mann verlassen hatte oder Stützen der Gesellschaften*, zuerst erschienen in der Zeitschrift »manuskripte« 1977/78, Heft 58, verlegt ihre Fortsetzung von Noras Geschichte nicht direkt in die Gegenwart, sondern in die zwanziger Jahre, allerdings mit der Empfehlung, Zeitsprünge, das heißt auch die Vorwegnahme der Zukunft anzudeuten. Dementsprechend ist Nora, und darin zeigt sich die Herausbildung einer säkularen mythischen Figur aus Ibsens dramatischer Person von neuem, noch immer die eine, echte, die ihren Mann und ihre Kinder verlassen hat, nur eben älter geworden: Wenn man sich nachzurechnen erlaubt eine Achtzigerin, andererseits aber auch noch, wofür Elfriede Jelinek sie schon durchgehend bei Ibsen zu halten scheint, eine unberechenbare Kindfrau und so aufregend schön, dass sich Männer tödlich in sie verlieben können – da hat wohl auch Wedekinds Lulu Modell gestanden. Außerdem weiß sie schon, dass sie in einem bekannten Theaterstück Ibsens vorgekommen ist. In 18 Szenen, die man eher als Bilder aus einem naiven Erzähltheater ansprechen möchte, wandert diese komplexe Nora durch die soziale Hölle der zwanziger Jahre, zu Beginn als Arbeiterin in einer Textilfabrik, die von ihren Kolleginnen sofort als Bürgerliche durchschaut wird: Schnell merkt man, dass die Autorin, indem sie die Fortsetzung von Noras Leben darstellt, eigentlich die bei Ibsen ausgesparte Struktur der Gesellschaft darstellen möchte, in der dieses Leben sich abspielt, und zwar als ausbeuterischen, betrügerischen, virtuell auch mordenden Kapitalismus. Es ist Oppositionsmentalität der sechziger und siebziger Jahre, die hier als Schreibanstoß sichtbar wird, aber in einer gemachten, kolportagehaften Simplizität, und kolportagehaft bis zu fließendem Blut hin ist dann auch die Handlung, die daraus hervorgeht; bis zu fließendem Blut insofern, als Nora nach ihrem pseudoproletarischen Neuanfang auch als peitschende Sadomaso-Praktikantin auftritt, ebenso Christine Linde: beide peitschen Helmer. Fast alle treten nämlich wieder auf, auch Krogstad und das offenbar gänzlich alterslose Kindermädchen Annemarie; nur der Dr. Rank nicht, vermutlich weil ihn schon Ibsen endgültig hat sterben lassen. Zunächst aber wird die Fabrik zum Spekulationsobjekt; ein Konsul Weygang will sie an sich bringen, um auf ihrem Areal ein Atomkraftwerk zu errichten; bringt sie auch, weil er ein außergewöhnlich brutaler Kapitalist ist, wirklich an sich und Nora, die vor ihren Arbeitskolleginnen an sich für Selbstfindung eintritt und das Liebeswerben eines halbwegs redlichen Vorarbeiters zurückweist, gleich mit. Kurze Ekstase, das einstmalige Turteln mit Helmer wiederholt sich; dann aber wird sie kalt auf den Direktor der Bank angesetzt, dem die Fabrik gehört, um mit Hilfe ihrer Reize die Verkaufsstrategie zu erkunden, und dieser Direktor ist niemand anderes als Helmer. Nichts scheint er gelernt zu haben aus Ibsens Schauspiel, er ist im Gegenteil noch widerlicher geworden, nur dass er von Christine Linde, jetzt bei ihm Haushälterin, nach Kräften gepeitscht wird und sich auch willig unter Noras Peitsche kniet, aber in seiner Wollust endlich auch die Verkaufsabsichten preisgibt. Längere Peitschszene auf offener Bühne, Nora auf einmal im Besitz eines der lukrativsten kapitalistischen Geheimnisse; aber Bösewicht Weygang, und nun kann man in ganz großen Zügen berichten, will sie auch schon wieder loswerden, weil sie wirklich immer älter wird – erstens soll Krogstad, immer noch Buchhalter in Helmers Bank, sie kurzerhand umbringen, tut es allerdings nicht, sondern offenbart sich, und zweitens stellt der Konsul, den jetzt nichts mehr bremsen kann, einen kleinen Laden in Aussicht, in dem sie mit dem ruinierten Helmer ihre letzten Tage verbringen darf. Und dort erlebt sie der Zuschauer dann auch, 18. Szene, Helmer sitzt beim Abendessen und liest Zeitung:

»HELMER: (nimmt einen Schluck aus der Teetasse) Da sind schon wieder nur drei Stück Zucker statt vier Stück Zucker drinnen! Kannst du nicht Acht geben?
NORA: Du kannst nichts als meckern. Gestern nacht erst ließest du mich erneut teilweise unbefriedigt . . .
HELMER: Ich las neulich, dass nur die Bürgerlichen Orgasmusschwierigkeiten haben, und dass das Proletariat sie nicht kenne.
NORA: Zum Glück bin ich bürgerlich und nicht proletarisch.
HELMER: Dieser Liebhaber, der dich sitzenließ, war wohl besser als ich, wie?
NORA: Er ließ mich nicht sitzen, wie oft soll ich dir das noch sagen! Das ständige Leben im Schatten des Kapitals drückte mich zu stark nieder, und ich verlor meinen ganzen Frohsinn, den du doch so an mir liebst. Daher verließ ich das Kapital. Und was ist übrigens mit deinem Direktorposten?
HELMER: Nora, du demütigst einen Mann.
NORA: Du bist ein Nichts im Vergleich zu dem, was ich hätte haben können!
HELMER: Für mich zählt nur, dass du es nicht hast.
NORA: Durch den Verzicht darauf bewies ich jene Charakterstärke, die ich mir erwerben wollte, als ich einst von dir fortging.
HELMER: Weißt du, was wir im vergangenen Monat gespart haben? So beginnt das Kapital, Nora!
NORA: Hast du schon die neuen Muster fürs Frühjahr durchgesehen, Torvald? Die Dessins für die Damenstoffe sind sehr hübsch. Mandels am Hauptplatz haben längst nicht diese Auswahl . . .
HELMER: Diese Juden werden mir ohnehin langsam zu üppig!
NORA: Freilich kauft keiner so günstig ein wie wir. Das verdankst du meinen Beziehungen, Torvald!
HELMER: Allerdings liegt der Judenladen natürlich sehr viel günstiger als unsrer . . . man müsste . . .
NORA: Denkst du auch manchmal daran, Torvald, dass wir den ganzen Laden nicht hätten, wenn nicht dein wunderschönes, junges . . .
HELMER: (unterbricht) Gibt's keinen Nachtisch?
NORA: (beleidigt) Nie können wir beide, du und ich, Mann und Frau, ernsthaft miteinander reden!«

So geht es noch eine Weile weiter: Die zugleich neuen und alten Kinder machen Krach, Helmer hört Wirtschaftsnachrichten, am Schluss des ganzen analytisch gemeinten Wirrwarrs ertönt aus dem Radio schon die Marschmusik der Faschisten. Von der Emanzipationsperspektive Ibsens bleibt nur übrig, dass Nora zeitweilig entschlossen scheint, sich in die Anti-Atom-Bewegung einzureihen, aber auch das kann nichts daran ändern, dass dieser Versuch einer politischen Systemkritik gründlich missglückt. Konsul Weygang plus Helmer sind auch bei Zubilligung größerer theoretischer Unschärfen noch keine treffende Veranschaulichung von Kapitalismus, und das sadomasochistische Peitschen der beiden Frauen belegt noch nicht eine systemimmanente Perversion von Lust durch Geld; geradezu widersinnig aber das, was im Ganzen als Selbsteinschätzung der Frau hervortritt.

Sicherlich ist es wahr, dass von Ibsens bis zu Elfriede Jelineks Tagen sich noch kein radikaler gesellschaftlicher Durchbruch der Emanzipation ereignet hat, und insofern erscheint es als witziger Einfall, dass Jelineks Szenen von wörtlichen Wiederholungen des Ibsenschen Textes, das heißt auch der Situationen bei Ibsen durchsetzt sind; hingegen bekräftigt sich in ihrer Nora nur wieder das Bild der teils naiven teils durchtriebenen Flatterhaftigkeit und Ichschwäche, dessen Sog Ibsens Nora am Ende entkommt. Und zwar bekräftigt es sich hier nicht etwa bloß in dem Sinne, dass es sich um einen historischen Charakter handle, der abwerfbar sei, sondern in dem einer vorfindbaren, durch alle Zeitstufen hin sich wiederholenden, also anthropologisch festliegenden weiblichen Verfassung. Nora müsse, so heißt es im Vorspann, immer etwas verzweifelt und zynisch wirken; der unbeabsichtigte Zynismus dieser Fortschreibung liegt darin, dass sie objektiv ein Rückschritt ist.

Der zweite der deutschen dramatischen Beiträge zum Jubiläumsjahr kam von Esther Vilar. Sein anfänglicher Titel war eine Parodie auf den Titel der Übersetzung Wilhelm Langes: *Helmer oder ein Puppenheim;* in einer Neufassung lautet er treffender: *Helmer im Puppenheim. Variation über ein Thema von Ibsen.* Das klingt extravagant und soll es wohl auch; den merkwürdigen Inhalt des Stückes nimmt es insoweit voraus, als Helmer, von einem Flasche trinkenden Baby abgesehen, die einzige auf der Bühne erscheinende Person ist; die anderen: Nora, die ihren Mann schon lange verlassen hat, Christine Linde, eine ominöse Schwiegermutter und später ein Polizist, machen sich nur über Telefon, Megaphon oder durch die Tür bemerkbar. Außer aus ihren hörbaren oder auch unhörbaren Einwürfen besteht das ganze Stück aus Rodomontaden des verlassenen Helmer, Monologen zu seiner Lage, Überlegungen zu seiner Zukunft – Nora soll zahlen – und, das ist dramaturgisch bei Ibsen abgeguckt, einer langsamen Aufdeckung der Vorgeschichte. Überhaupt lauter Elemente aus Ibsen, aber nicht in Form von Zitaten wie bei Elfriede Jelinek, sondern in Form herausgelöster und zu einer ganz anderen Geschichte verlöteter Motive; der gravierendste Unterschied gegenüber Ibsen liegt darin, dass dieser Helmer sich nicht mehr zu verändern braucht: Er ist niemand anderes als der positive neue Mann. Umgekehrt ist die Nora, die sich durchs Telefon meldet und wieder zurück will, nicht mehr die der Ibsenschen Schlussszene, ja nicht einmal mehr die Puppe von Ibsens Anfangsszene mit der Möglichkeit, den Puppenstatus abzuwerfen, sie ist bloß noch Puppe und schuld an allem. Anders als bei Jelinek sind beide, Helmer und Nora, deshalb auch nicht Verlängerungen von Ibsens Figuren in eine neue dramatische Gegenwart, sie sind gleichnamige Widergänger in einer neuen Generation, nicht biologische, sondern mythologische Kinder der alten. Überlebt hat die alte, erste Nora in der Gestalt von Helmers Schwiegermutter; vom alten Helmer erfährt man, dass in Wahrheit er die Unterschrift gefälscht und sich nach seiner Entlassung umgebracht hat, auch Krogstad hat sich erhängt; Christine Linde aber, auch sie eine Überlebende, ist eine intrigante Lesbierin geworden, und mit ihren Machenschaften hat auch die Entzweiung der neuen Generation begonnen. Auch der neue Helmer ist Jurist, war Staranwalt mit Aufsteigermentalität, seine Ehe mit Nora ist gerade im siebenten Jahr gewesen, ein Kind; mit diesem Kind aber hat es bei Nora Schwierigkeiten gegeben. Sie hat sich in ihre Mutterrolle nicht hineingefunden, Frau Linde hat sie in eine Selbsterfahrungsgruppe geschleppt, und dann sind beide, ausgerechnet zu Weihnachten, nach Italien verschwunden. Das Stück setzt ein, als sie zwar wieder im Lande sind, aber Helmer längst ein neues, fraglos begreifliches Wunderbares entdeckt hat: das Kind und seine Bedürftigkeit. Er ist der neue Mann als neuer Vater, nicht mehr an Aufstiegsperspektiven orientiert, nach neuerer Terminologie ein Alternativer, obwohl er das ganze Stück über Bier trinkt und neben der Betreuung des Kindes Fernsehfußball beguckt. Deshalb, als dieser neue Mann, weist er auch alle weiblich-theatralischen Versuche Noras und Frau Lindes ab, das verlassene Heim von neuem zu besetzen, schließlich auch den Antrag der Schwiegermutter, ihr das Kind, nachdem Nora angeblich mit einer Rasierklinge Selbstmord probiert hat, für eine halbe Million zu verkaufen.

Verkehrte Welt also, an Ibsen gemessen. Im Feminismus ist das Stück auf Empörung gestoßen, und dazu besteht vielleicht auch Grund, wiewohl näher besehen einer der polemischen Antriebe der Autorin ehrenwert ist. Sie will in Nora – Helmer steht vor ihrer Hinterlassenschaft an Bodylotions und Cremetöpfen – die den Zivilisationsmoden nachjagende, nie sich zum Charakter verfestigende Frau treffen, und jeder weiß, daß es diese Frau millionenfach gibt; nur identifiziert die Verfasserin mit diesem negativ besetzten Typus Frau im selben Moment auch alle sozialen Gegenkräfte, ja die Frau überhaupt, angefangen von der Denunziation der Lesbierinnen bis zum ernsthaften Gesellschaftsspiel der Selbsterfahrungsgruppen, also gerade der bemühten Abwehr von Individualitätsentzug. Es ist das alte Thema der Esther Vilar, Helmer in den Mund gelegt, als die Schwiegermutter ihn anruft um das Kind zu kaufen:

> »Mit Puppen haben Sie die kleine Nora eingedeckt! ...
> (Er macht eine umfassende Geste):
> Da hast du ein paar Leute zum Üben, haben Sie zu Ihrer kleinen Tochter gesagt ... Denn alles, was du im Leben wissen musst, ist wie man mit Leuten umgeht ... Wenn du das beherrschst, kannst du dir alles andere sparen ... Dann werden nämlich *die* alles machen, was du nicht kannst! ... Sie werden die Häuser bauen, in denen du wohnen möchtest ... Die Flugzeuge und Autos konstruieren, in denen du am bequemsten reist ... Die Fabriken errichten, die deine Sachen am preiswertesten herstellen ... Die Banken gründen, die deine Schätze am zuverlässigsten verwalten ... Die Politik vertreten, die ihnen am sichersten deine Stimme bringt ... Schließlich haben die doch alles gelernt! Was sollten sie denn sonst mit ihrem Wissen anfangen, die verdammten Idioten! Die wollen doch nützlich sein ... *Du* musst nur eins können: Sag ihnen immer wieder wie großartig sie sind! Bewundere sie für das, was sie für dich von klein auf gelernt und geübt haben! Bewundere sie sogar für das, was sie noch nicht richtig können! Dann lernen sie's nämlich, die Trottel!« (S. 90 f.)

Und wenig später, als schon Christine Linde an die Tür klopft, um Noras Kleider zu holen, die Denunziation der Frau zugespitzt in vollends Paradoxe:

> »Wissen Sie, wozu Sie ihre kleine Nora erzogen haben? ... Zu einem Zuhälter! ... Einen dreckigen kleinen Zuhälter haben Sie aus Ihrem unschuldigen kleinen Kind gemacht! ... Jemand, der sich spätestens mit achtzehn auf die Suche macht nach einem, der blöd genug ist,

jeden Morgen mit einem kleinen Köfferchen in der Hand für ihn anschaffen zu gehen und am Monatsende auf Heller und Pfennig bei ihm abrechnet! . . . Und das war *ich*! . . . Sie und Ihresgleichen, ihr habt die Welt in ein Bordell verwandelt! . . . Ein riesiges Männerbordell habt ihr aus dieser sogenannten Erde gemacht! . . . Einen Ort, in dem heutzutage jeder, der als richtiger Mann gelten will, seinen Körper und seinen Geist, seine Kraft und seine Gesinnung meistbietend zu verhökern hat . . . Und das nicht nur ein paar Stunden am Tag, für ein paar Jahre . . . Ein Leben lang! . . .
(Lacht):
Und wissen Sie, was ich am stärksten finde?! . . . Dass diese armseligen Idioten es nicht einmal merken! . . . Dass sie sich einbilden, dass sie es sind, die euch ausnehmen, weil sie arbeiten *dürfen* und ihr zuhause bleiben *müsst*! . . . Weil sie Geld verdienen *dürfen* und ihr konsumieren *müsst*! . . . Denn ihr habt ja auch die Sprache verändert, nicht wahr? . . . Die sogenannte Muttersprache . . . Mit der macht ihr doch, was ihr wollt! . . . Das Bordell heißt nicht Bordell . . . Oh nein: ihr nennt es Firma, Kanzlei, Behörde . . . Der Zuhälter heißt nicht Zuhälter . . . Es ist die heilige Ehefrau, die treue Lebensgefährtin, die Geliebte . . . Und der Kunde . . . der, der einem am Monatsende für die Liebesdienste den vertraglich vereinbarten Lohn aufs Girokonto überweist . . . der nennt sich Vorgesetzter, Chef, Aufsichtsrat, Klient . . . Und niemals würdet ihr den Fehler begehen, einen Mann, der sich verkauft, als dreckige kleine Hure zu bezeichnen . . . Im Gegenteil: Am meisten geachtet ist bei euch immer noch der, dem seine Hurerei am meisten einbringt . . . Der Herr Doktor! Der Herr Ingenieur! Der Herr Rechtsanwalt! Der Herr Direktor! . . . Wer nicht für euch auf den Strich geht, den nennt ihr einen Arbeitsscheuen, einen Versager! . . . Wer ohne Zuhälter arbeitet . . . ohne die liebe kleine Frau, die zu Hause sehnsüchtig auf ihn wartet . . . den bezeichnet ihr ohne viel Umstände entweder als impotent oder homosexuell . . . Oh ja, das könnt *ihr* euch leisten! Ist doch *eure* Sprache, nicht wahr? . . . Nur die Methode ist die gleiche: Damit der Auserwählte tut, was man von ihm verlangt, versetzt ihr ihn in einen Zustand von Hörigkeit und später veranlasst ihr ihn dann durch Einschüchterung, Erpressung oder Nötigung zum Weitermachen . . .«

Zur These zusammengefasst würde dies lauten: Die Frau ist die parasitäre heimliche Herrscherin der Welt, oder, provokant umgekehrt mit einem Satz von anderer Stelle: »Die Dame als Märtyrer: Der Witz des Jahrhunderts ist das« (S. 67). Folgerichtig muss Helmer zum Märtyrer werden. Als er nämlich in nervöser Erschöpfung, überreizt von der Zudringlichkeit der drei Frauen, Noras Kleider zum Fenster hinauswirft, dann die Schuhe, die Parfüms, die Sprays, die Lotions, die Puppen, ertönt alsbald die Sirene eines Polizeiautos; ein Polizist ruft mit Megaphon herauf:

»Torvald Helmer!
(Helmer hält inne, bleibt stehen. Es wird jetzt ganz still.)
POLIZIST: (über Megaphon)
Helmer! . . . Hören Sie mich?
(Helmer holt ein Gewehr aus einem der Schränke, geht zum Fenster)
HELMER: (schreit zum Fenster hinaus)
Hören Sie!
Ich habe da ein Gewehr!
Wenn Sie nicht weggehen, schieße ich, verstanden?
(Helmer entsichert das Gewehr, schießt in die Luft.

Man hört Aufschreien, dann herrscht Stille.
Helmer schließt das Fenster.
Nebenan beginnt das Kind zu weinen, Helmer holt es.)
HELMER: (jetzt nüchtern und entschlossen)
Ruhig, Sportsfreund, ganz ruhig . . .
Nur über meine Leiche, hörst du?
(Er setzt sich mit dem Kind in den Schaukelstuhl):
Nur über meine Leiche.
(Die Polizisten stürmen nun die Treppe herauf, jemand wirft sich gegen die Wohnungstür:
Krach, Splittern . . .
Auf der Bühne wird es plötzlich dunkel.)

Ein Ende ohne jede Perspektive; denn wie Helmer, nachdem er aus der sanktionierten Geschlechtsrolle des Mannes gefallen ist, schließlich der Staatsgewalt verfällt, so zeigt sich bei Nora und ihrem weiblichen Anhang kein Zeichen von Selbstkorrektur. Es gibt in dieser sogenannten Variation des Themas weder die Möglichkeit der Liebe noch die der Befreiung aus sozialen Rollen: Beim Mann wird der scheinbar geglückte Versuch bestraft, die Frau vermag ihn sich nicht einmal mehr vorzustellen. Unwahr ist das aber, weil Esther Vilar durchweg falsch verallgemeinert – die Gesellschaften, auf die das Stück gemünzt zu sein scheint, setzen sich zur Mehrheit nicht aus hirnlosen aber raffiniert die Männer beherrschenden Modepuppen und alternativen Märtyrern zusammen. Das Faktum der wirklichen ökonomischen Macht ist, anders als bei Elfriede Jelinek, ganz außer Acht gelassen, und deshalb verliert das Stück auch noch den Anspruch auf die Narrenfreiheiten wachrüttelnder Provokation.

In den Verfilmungen geht es so freizügig nicht zu, wenn man davon absieht, dass Rainer Werner Fassbinder in seinem Fernsehfilm von 1973 Nora sich ausgerechnet mit Krogstad umarmen und küssen lässt: Die Fernsehkritiker reagierten zu Recht mit Unverständnis. Triftiger als solche Einzelheiten sind freilich generelle Fragen des Verhältnisses der Filme zu ihrer dramatischen Vorlage. Bemerkenswert ist ja nicht nur, dass von den vier bisherigen Verfilmungen drei in Deutschland produziert wurden, sondern dass die früheste, mit Olga Tschechowa in der Hauptrolle und Berthold Viertel als Regisseur, noch ein Stummfilm ist (vgl. dazu den Anhang S. 90). Es war die erste große Filmarbeit der 1921 aus der Sowjetunion emigrierten Tschechowa und eines der ersten Filmprojekte des aus Wien gekommenen Dramaturgen Viertel; mutmaßlich ein Experiment mit der Absicht, filmästhetische Möglichkeiten der Vertretung gesprochener Sprache durch eine Mimik und Gestik betonende Bildersprache zu entwickeln. Auf Mutmaßungen bleibt man hier insofern angewiesen, als der Film nicht mehr zugänglich ist, Viertel als Regisseur aber alles andere als ein Marktgänger war, Olga Tschechowa in Russland noch Stanislawskijs berühmte Schauspielausbildung genossen hatte und die Wirkung von Ibsens Stück, wie sollte es auch anders sein, zur Hauptsache auf gesprochener Sprache beruht. Ästhetisch nicht minder eingreifend als dieses Vordringen des visuell Bildhaften, ja den authentischen Wirkungsgrößen des Schauspiels geradezu entgegengesetzt ist aber ein anderes filmisches Mittel. Der Film, und das ist an allen drei zugänglichen Nora-Filmen erkennbar, hebt die Rampe des Theaters auf und bringt den Zuschauer in eine Nähe zu den Akteuren, die ihn in das Spiel einbezieht, damit aber auch die Reflexionsmöglichkeiten schmälert. Dass er sich dagegen nicht wehren, vielmehr seiner Übermächtigung durch die visuelle Nähe zustimmen und in ihre verborgene Absicht sich einbeziehen lassen soll, gehört zum Kalkül der UFA-Verfilmung von Harald Braun mit Luise Ullrich. Beide Namen sagen viel: Luise Ullrich war innerhalb der deutschen Mentalitätsgeschichte die Vorgängerin des Seelchens Maria Schell, unentwegt ins heimelig Positive strebende Filmgattin und Mutter, Harald Braun hingegen einer der Mitläufer-Regisseure der nationalsozialistischen Filmindustrie, die nach dem Krieg mit einer plötzlichen Wendung zu neureligiöser Innerlichkeit von neuem ins Geschäft kamen. Ganz offen ist seine Verfilmung von 1944, dem Jahr der rasant einsetzenden Katastrophe des Dritten Reiches, noch eine Parabel des Vertrauens in die germanische Frau, ähnlich dem zweiten Schluss der Hedwig Niemann-Raabe – nach vielen, nur grob bei Ibsen entlehnten Verwicklungen gibt es das von Front und Heimat verlangte Happyend. Die Übereinstimmung mit den Tendenzen der Aufführungsgeschichte auf der nationalsozialistischen Bühne ist unübersehbar. Zugleich lässt dieses Beispiel die im Film sich ändernde Beziehung zwischen Hauptdarstellerin und Rolle erkennen. Die bedeutenden Aktricen der Aufführungsgeschichte, angefangen von Betty Hennings in Kopenhagen, treten mit den Mitteln ihrer schauspielerischen Wandelbarkeit in die Rolle ein und erschließen sich durch sie ein neues Ausdrucksregister; der Film ordnet die Rolle einem schon getypten Star zu. Bei der Debütantin Olga Tschechowa hat wohl das slawisch-exotische Erscheinungsbild mitgesprochen. Dass das nicht immer auf die optische Beschlagnahme Noras durch das Gesicht eines Stars hinauslaufen muss, zeigt sich am chronologisch dritten Film, Joseph Loseys »Doll's House« mit Jane Fonda 1972, dem bis heute gültigsten Versuch einer medialen Umarbeitung. Mit Jane Fonda war eine Schauspielerin gefunden worden, deren visuelle Bekanntheit aufgewogen wurde durch eigenes feministisches Engagement; dementsprechend substanziell ist ihre Verkörperung der Rolle geraten. Zudem hat dieser Film ahnen lassen, was mittels der filmästhetischen Aufhebung der Distanz zwischen Zuschauer und Bühne, im Heranholen von Einzelheiten, wie sie Ibsen in seine realistischen Bühnenbilder integriert, an materieller Macht von Interieurs sichtbar gemacht werden könnte. Zwar steigert sich das manchmal in eine Bildpoesie, die dem Wahrheitsethos Ibsens widerstrebt, aber auch dann bleibt dieser Film noch gegenüber der Verfilmung Fassbinders das lobenswerte Beispiel. Fassbinder konstruiert Interieurs aus Gittern und Spiegeln, die wohl opulent die Möglichkeiten elektronischer Kameraführung vorführen, aber nicht einmal bei großzügigster Auslegung mehr mit Ibsens Konzeption zur Deckung zu bringen wären, und in diesem kunstgewerblichen, kinosymbolistischen Ambiente bewegt sich dann auch noch das bekannte, wie aufgezogen und abschnurrend agierende Fassbinder-Team. Der Berliner Kritiker Friedrich Luft hat diesen Film, aber nicht bloß diesen Film im Auge, wenn er pointierend schreibt: »Wir beschönigen Ibsen. Aber wir tun es auf schöne Weise« (Die Welt, 5. 2. 1974). Getroffen wird hier am Ende der ganze Prozess des allmählichen Wegrutschens der aktualisierenden Ibsen-Renaissance und ihrer aus der Protestbewegung gekommenen Anstöße in kulturindustriell tändelnden, immer neue Manierismen hervorbringenden Unernst.

Nur scheint sich auch darin noch die erstaunliche Lebenskraft der mythisierten Figur und der zum verformbaren Stoff heruntergesetzten Handlung zu zeigen. Das soziale Problem, auf das Ibsen ansprach, pocht immer noch; die Frage ist, ob die Idee, die Ibsen ihm entgegensetzte, bei seinen Nachfolgern wieder zerstäubt, stumpf gemacht oder abgebogen wird, sei es in Emanzipationsunterhaltung, in Modelle ewigen Geschlechterkampfes oder immerwährender menschlicher Vergeblichkeit. Dass einstweilen Nora den Weg durch die Niederungen der dritten Kultur antreten muss, sollte nicht abschrecken – davor ist offenbar keines der großen Werke aus der bürgerlichen Kultur gefeit. Zum Jubiläumsjahr 1978 erschien in der Mailänder Edizioni dalla parte delle bambine auch das Comic-Schauspiel *Nora* der Zeichnerin Cinzia Ghigliano, auf Jugendstil getrimmt, poppig koloriert, mit einer Nora, die schon auf dem Titelbild dem Babyface Brigitte Bardot ähnelt, und obligaten Sprechblasen vor den Münden aller Beteiligten. In der deutschen Ausgabe sind sie natürlich verdeutscht, überhaupt enthält die deutsche Version eine neue deutsche Übersetzung, die elfte seit Wilhelm Lange, und wie an ihrem Ende Nora Helmer verlässt, verlässt sie ihn ohne Kompromiss auch am Ende der Bildgeschichte. »SSSTLAC« macht die ins Schloss fallende Haustür, und schon steht die Heldin mit energisch heruntergezogenem Bardot-Mündchen auf der Straße – leider können die folgenden Beispielseiten nur schwarz-weiß wiedergegeben werden. Anzunehmen, dass viele der Käuferinnen – auch die deutsche Ausgabe war schnell vergriffen – Ibsen und sein Stück zum ersten Mal in dieser vercomicten Form kennen gelernt haben, aber so haben sie das Stück wenigstens in einem halbwegs Ibsen-treuen Ablauf kennen gelernt. Wie weit seine Idee wieder enthusiasmiert hat, entzieht sich der Rekonstruktion, und wohin Nora auf diesem Wege noch geraten wird, der Prognostik. Vielleicht kommt bald einmal ein Komponist und macht aus ihr die kompromisslose Heldin eines Musicals oder einer Rock-Oper. Der Gedanke ist so verlockend, dass man sich wundert, warum es nicht schon längst geschehen ist.

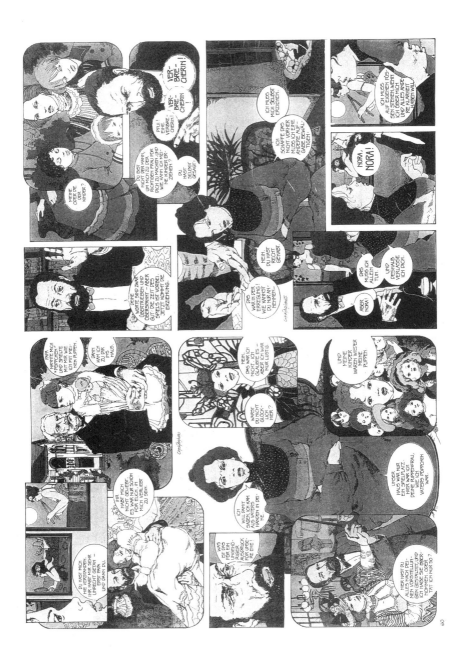

5 Anhang

(In Zusammenarbeit mit Claudia Mauelshagen)

5.1 Verzeichnis der Übersetzungen

1879: Nora oder Ein Puppenheim. Schauspiel in drei Aufzügen. Übertragen von *Wilhelm Lange*. Leipzig: Reclam 1879 (Reclams Universalbibliothek, Nr. 1257)

1889: Henrik Ibsen. Gesammelte Werke, Bd. 1. Übersetzt von *Wilhelm Lange*. Leipzig: Reclam 1889

1890: Ein Puppenheim. Schauspiel in drei Akten. Deutsch von *Marie von Borch*. Berlin: Fischer 1890 (Henrik Ibsens Sämtliche Werke in deutscher Sprache, durchgesehen und eingeleitet von *Georg Brandes, Julius Elias, Paul Schlenther*, Bd. 6)

1891: Nora oder Ein Puppenheim. Schauspiel in drei Aufzügen. Übertragen von *Charles Kirschenstein*. Leipzig, Wien: Bibliographisches Institut 1891 (Meyer's Volksbücher, Bd. 895/896)

1892: Ein Puppenheim. Schauspiel in drei Aufzügen. Übertragen von *J. Engeroff*. Halle/S.: Hendel 1892 (Bibliothek der Gesamtliteratur des In- und Auslandes, Nr. 597)

1904: Ein Puppenheim. Übertragen von *Marie Lie*. Leipzig: Hesse 1904 (Die Meisterwerke der deutschen Bühne, hg. von *G. Witkowski*, Nr. 18)

1906: Nora. Schauspiel in drei Aufzügen. Übertragen von *Wilhelm Lange*. Berlin-Steglitz: Quehl 1906 (Dramatische Werke, übersetzt von *W. Lange*, 3 Bd.)

1951: Nora oder Ein Puppenheim. Schauspiel in drei Akten. Übertragen von *Richard Linder*. Stuttgart: Reclam 1951

1957: Nora. Schauspiel in drei Akten. Deutsch von *Bernhard Schulze*. Leipzig: Reclam 1957

1958: Nora – ein Puppenheim. Schauspiel in drei Akten. Deutsch von *Bernhard Schulze*. Berlin: Henschel 1958 (unverkäufliches Bühnenmanuskript)

1961: Die Stützen der Gesellschaft – Nora. Neu übertragen von *Georg Schulte-Frohlinde*. München: Goldmann 1961

1968: Nora oder ein Puppenheim. Übersetzt von *Hans Egon Gerlach*. Stuttgart: Reclam 1968 (Lizenzausgabe für Hoffmann und Campe in Hamburg)

1978: Ein Puppenheim. Herausgegeben und übersetzt von *Angelika Gundlach*. Frankfurt: Insel 1979

1981: Nora. Übertragen von *Georg Schulte-Frohlinde*. Gifkendorf: Merlin 1981

5.2 Verzeichnis der Verfilmungen

NORA. Deutschland 1923. Regie: *Berthold Viertel*. Darstellerin: *Olga Tschechowa*
Olga Tschechowa »[...] überzeugte als Nora [...] besonders in der ersten Entwicklungsphase der im Schutze des Puppenheims agierenden Hausfrau«. (Reclams deutsches Filmlexikon. Stuttgart 1984)

NORA. Deutschland 1944. Regie: *Harald Braun*. Darsteller/innen: *Luise Ullrich, Viktor Staal, Gustav Diessl* (Rank), *Franziska Kinz* (Torvalds Mutter), *Carl Kuhlmann*
»Grobe Verfälschung des gleichnamigen gesellschaftskritischen Dramas von Henrik Ibsen zu einem in gepflegtem Ufa-Stil inszenierten, happy-endenden Rührstück.« (Lexikon des Internationalen Films, Bd. 6. Reinbek 1987)

DOLL'S HOUSE/MAISON DE POUPEE (deutsch: NORA). Großbritannien/Frankreich 1972. Regie: *Joseph Losey*. Darsteller/innen: *Jane Fonda, David Warner, Trevor Howard* (Rank), *Delphine Seyrig* (Kristine Linde), *Edward Fox* (Nils Krogstad)
»Feinnervige, poesievolle Umsetzung des Bühnenstücks von Ibsen, wobei Loseys Inszenierung, ohne Pathos, eigene Interpretationsmöglichkeiten vermittelt.« (Lexikon des Internationalen Films, Bd. 6, a. a. O.)

NORA HELMER. Deutschland 1973. Regie: *Rainer Werner Fassbinder*. Darsteller/innen: *Margit Carstensen, Joachim Hansen, Barbara Valentin, Ulli Lommel* (Krogstad), *Klaus Löwitsch*
In Fassbinders Ibsen-Adaption geht es – wie schon in »Martha« und »Effi Briest« – »um eine Ehe, in der der Mann seiner Frau kaum Liebe entgegenbringt, sondern sie erziehen will. [...] In erster Linie haben Fassbinder offensichtlich die Möglichkeiten fasziniert, die eine Studio-Produktion mit fünf elektronischen Kameras bot, so sehr, dass darüber das Interesse an der Geschichte fast verloren ging. In einem leicht braungetönten Spiegelkabinett bewegen sich die Personen wie Marionetten. Zahlreiche weiche Überblendungen verstärken noch den Eindruck, dass hier Spiegelbilder und Schatten von Menschen in gleichmäßigem Tonfall Texte rezitieren, die bei Ibsen einmal große Sprengkraft hatten.« (Rainer Werner Fassbinder. Reihe Film 2. 4. ergänzte und erw. Aufl. München, Wien 1983, S. 269)

5.3 Aufführungen in der Bundesrepublik seit 1945 (Auswahl)*

1946: Berlin, Volkstheater Pankow. Inszenierung: Else König. Mit Else König und Günter Langenbeck (Aufführung der Spielgemeinschaft »Die Maske«)
1950: München, Bayerisches Staatsschauspiel. Inszenierung: Jürgen Fehling. Mit Joana Maria Gorvin und Otto Wernicke
1952: Düsseldorf, Schauspielhaus. Inszenierung: Ulrich Erfurth. Mit Paula Denk und Rudolf Therkatz
1953: Westberlin, Schlossparktheater. Inszenierung: Boleslaw Barlog. Mit Käthe Braun und Wilhelm Borchert
1954: Hamburg, Thalia-Theater. Inszenierung: Rolf Roennecke. Mit Gisela Peltzer und Erwin Lindner
195[?]: Hildesheim, Stadttheater. Inszenierung: Walter Zibell. Mit Brigitte Drummer und Günter Mildenstrey
1956: Westberlin, Deutsches Theater. Inszenierung: John Hanau. Mit Gisela Uhlen und Wilhelm Koch-Hooge (Helmer; Advokat), Martin Flörchinger (Rank), Gisela May (Frau Linde), Gerhard Bienert (Krogstad), Viola Schulz, Uwe Müller, Joachim Bormke (die drei kleinen Kinder), Paula Ronay (Anne-Marie), Katharina Matz (Hausmädchen), Otto Schröder (Dienstmann)
1956: München, Lore Bronner-Bühne. Inszenierung: Ulrich Beiger. Mit Hannelore Schützler und Erik Jelde

*Aufführungen und Rezensionen seit 1945 bis Ende der siebziger Jahre bespricht *Michaela Giesing,* ›Ibsens Nora und die wahre Emanzipation der Frau.‹ Zum Frauenbild im wilhelminischen Theater. Frankfurt a. M. 1984, S. 27 ff.

1962: Hamburger Kammerspiele. Inszenierung: Peter Capell. Mit Eva-Ingeborg Scholz und Hans Daniel
1964: Berlin, Theater am Kurfürstendamm. Inszenierung: Imo Moszkowicz. Mit Maria Schell und Veit Relin
1967: Bremen, Kammerspiele. Inszenierung: Peter Zadek. Mit Edith Clever und Hans Peter Hallwachs
1968: Westberlin, Volksbühne. Inszenierung: Hansjörg Utzerath. Mit Elfriede Irrall und Wolfgang Stendar
1969: Kiel, Schauspielhaus. Inszenierung: Andreas Weißert. Mit Steffy Helmar und Günther Dockerill
1969: München, Residenztheater. Inszenierung: Helmut Henrichs. Mit Christine Ostermayer und Herbert Mensching
1972: Frankfurt. Inszenierung: Hans Neuenfels. Mit Elisabeth Trissenaar und Peter Roggisch
1972: Stuttgart, Württembergisches Staatstheater. Inszenierung: Hans Neuenfels. Mit Elisabeth Trissenaar, Peter Roggisch und Marlen Diekhoff (Kristina)
1973: Oldenburg, Staatstheater. Inszenierung: Gerhard Jelen. Mit Christine Schrader Horst Mehring
1974: Trier. Inszenierung: Kurt Kaschenz. Mit Daniela Ziegler und Herbert Steiniger
1975: Zürich, Thalia-Theater AG. Inszenierung: Peter von Wiese. Mit Sabine Sinjen und Klaus Barner
1975: Freiburg, Städtische Bühnen. Inszenierung: Achim Thorwald. Mit Maria Falkenhagen und Peter Rosinsky
1976: Westberlin, Renaissance-Theater. Inszenierung: Rudolf Noelte. Mit Cordula Trantow und Werner Kreindl, Ulrich Matschoss (Krogstad), Christa Rossenbach (Frau Linde), Wilhelm Meyer (Dr. Rank), Rita Graun (Hausangestellte)
1976: Hamburg, Thalia-Theater. Inszenierung: Nicolas Brieger. Mit Ingrid Andrée und Hannes Riesenberger, Joachim Bliese (Krogstad), Elisabeth Goebel (Kinder- und Hausmädchen), Jörg Holm (Dr. Rank)
1981: München, Bayerisches Staatsschauspiel. Inszenierung: Ingmar Bergmann. Mit Rita Russek und Robert Atzorn
1981: Hannover, Niedersächsisches Staatstheater. Inszenierung: Gerd-Rainer Prothmann. Mit Jutta Richter-Haaser und Dieter Hufschmidt
1982: Bremen. Inszenierung: Arno Wüstenhöfer. Mit Donata Höffer und Ulrich von Bock
1983: Mannheim, Nationaltheater. Inszenierung: Heinz Kreindl. Mit Helga Grimme und Berthold Toetzke
1983: Pforzheim, Stadttheater. Inszenierung: Sylvia Richter. Mit Birgit Zamulo und Michael Rasche
1985: Theater Essen. Inszenierung: Jürgen Esser. Mit Erika Eller und Michael Enk
1986: Hamburg, Altonaer Theater. Inszenierung: Elke Ahlf. Mit Veronika Kranich und Peter von Achultz
1986: Düsseldorf. Inszenierung: Klaus Weise. Mit Verena Busse und Christoph Quest, Thomas Hodina (Krogstad)

5.4 Rezensionen 1880 bis 1909 (Auswahl)*

Albert, H.: Pariser Brief. Der Kampf um Ibsen. In: Neue deutsche Rundschau 5, Berlin 1894, S. 517-519

Arnstein, Ph.: Ibsens Frauengestalten. In: Die Frau 5, 1906, S. 347-53 (u. a. über »Nora«)

Auerbach, Berthold: Ibsens »Nora«. nach dem Lesen. 21. 11. 1880. In: Dramatische Eindrücke. Stuttgart 1893, S. 308-312

Bahr, Hermann: Henrik Ibsen. In: Deutsche Worte, Hefte 8 u. 9, August und September 1887 (u. a. über »Nora«)

ders.: Glossen. Zum Wiener Theater (1903-1907). Berlin 1907

Benfey (-Schuppe), Anna: ›Nora‹ von Henrik Ibsen. In: Literatur 1, 1880, S. 102 ff.

Benfey, Meta: Nora. In: Magazin für die Litteratur des (In- und) Auslandes, 49, 1880, S. 381 ff.

Bernstein, Max: [...]. In: Münchner Neueste Nachrichten vom 5. 3. 1880

ders.: [...]. In: Münchner Neueste Nachrichten vom 27. 3. 1887

ders.: [...]. In: Münchner Neueste Nachrichten vom 30. 3. 1887

Blank, Fritz: [...]. In: Der Humorist vom 1. 10. 1906

Brahm, Otto: [...]. In: Norddeutsche Allgemeine Zeitung vom 23. 11. 1880

ders.: Henrik Ibsen. In: Deutsche Rundschau 49, 1886, S. 193-220 (u. a. über »Nora«)

ders.: Ein Puppenheim. In: Die Nation vom 1. 12. 1888 (auch abgedruckt in: *ders.*, Kritische Schriften, Bd. 1, a. a. O., S. 226 ff.)

ders.: Agnes Sorma als Nora. In: Die Nation vom 7. 5. 1892 (auch abgedruckt in: *ders.*, Kritische Schriften, Bd. 1. Berlin 1913, S. 413 ff.)

ders.: Henrik Ibsen in Berlin. In: Neue freie Presse vom 10. 5. 1904 (auch abgedruckt in: *ders.*, Kritische Schriften, Bd. 1, a. a. O., S. 447 ff.)

Burckhard, Max: Gastspiel des Deutschen Theaters aus Berlin: 4. »Die Wildente« und »Nora« von Ibsen (26. und 31. Mai 1902). In: *ders.*, Theater, Kritiken, Vorträge und Aufsätze, Bd. 2. Wien 1905

Eulenberg, Herbert/ Robert Helmer: [...]. In: Masken 1, 1905/06, Heft 24, S. 1 ff.

Fremdenblatt vom 26. 2. 1892 (zum Gastspiel der Duse im Carltheater)

Frenzel, Karl: Die Berliner Theater. In: Deutsche Rundschau 26, 1881, S. 300-310

Hansen, Irgens: Eine deutsche Nora-Aufführung, beurteilt von einem Norweger. In: Die Gesellschaft 4, 1888, 1, S. 488 ff.

Harden, Maximilian, Ludwig Anzengruber: [...]. In: Die Nation 7, 1889/90, S. 156 f.

Held, Ludwig: Die Fälscherin aus Liebe. In: Neues Wiener Tageblatt vom 9. 9. 1881 (zur österreichischen Erstaufführung im Wiener Stadttheater am 8. September 1881)

Hofmannsthal, Hugo von: Die Menschen in Ibsens Dramen. In: Wiener Literatur-Zeitung vom 15. 1.-15. 3. 1893 (u. a. über »Nora«)

Kempe, Walter: Ibsens Motivirungs-Kunst in seinem berühmtesten Drama. In: Deutsches Wochenblatt, 6, 1893, S. 511 ff.

Kent, M. (d. i. *M. Harden*): Das Virtuosentum im ›Berliner Theater‹. In: Die Nation 7, 1889/90, S. 523 f.

Kerr, Alfred: Der Ahnherr. Zur Vorgeschichte des neuen deutschen Dramas. In: Neue deutsche Rundschau vom 7. 2. 1896, S. 697-708 (u. a. über »Nora«)

Kröger, P.: Nora. In: Der Wanderer 3, 1908, S. 81-87

---

*Aufführungen und Rezensionen bespricht Michaela Giesing, a. a. O. Zu dem hier genannten Zeitraum siehe S. 58 ff.

Land, Hans: [...]. In: Allgemeine Theater-Revue für Bühne und Welt 1, 1892, Nr. 3, S. 25
Leitich, Albert: [...]. In: Deutsche Zeitung vom 29. 9. 1906 (zu »Nora« im Burgtheater)
Lindau, Paul: [...]. In: Die Gegenwart 18, 1880, S. 346 ff.
Marholm, L.: Die Frauen in der skandinavischen Dichtung. Der Noratypus. In: Freie Bühne für modernes Leben I, 1890, S. 168-171
Montags-Revue vom 24. 12. 1900 (Agnes Sorma als »Nora«)
Neue Freie Presse vom 16. 12. 1894 (zu »Nora« im deutschen Volkstheater)
Norddeutsche Allgemeine Zeitung vom 27. 11. 1888 und 30. 4. 1892
Reich, Emil: Ibsen und das Recht der Frau. In: Jahresbericht des Vereins für erweiterte Frauenbildung. Wien 1891 (u. a. über »Nora«)
Schlenther, Paul: [...]. In: Vossische Zeitung von 27. 11. 1888 (übernommen in die Einleitung zu »Henrik Ibsens sämtliche Werke in deutscher Sprache«. Berlin 1898-1904, Bd. 7. S. XIX)
ders: [...]. In: Vossische Zeitung vom 29. 4. 1892
ders.: [...]. In: Vossische Zeitung vom 4. 9. 1894
Schmidt, C.: Nora oder Ein Puppenheim. Schauspiel in drei Aufzügen von Henrik Ibsen. In: Die Volksbühne. Eine Sammlung von Einführungen in Dramen und Opern 2. Berlin 1909
Schreiber, A.: [...]. In: Deutsches Volksblatt vom 16. 12. 1894 (zur Aufführung von »Nora« im Deutschen Volkstheater)
Spielhagen, Friedrich: Henrik Ibsen's »Nora«. In: Westermanns illustrierte deutsche Monatshefte 49, 1880/81, S. 665-675
Wiener Allgemeine Zeitung vom 27. 2. 1892 (zum Gastspiel der Duse im Carltheater)
Wiener Zeitung (Abendpost) vom 3. 9. 1897 (zur Aufführung von »Nora« im Raimundtheater)
Wittmann, Hugo: [...]. In: Neue Freie Presse (Morgenblatt) vom 11. 9. 1881 (zur österreichischen Erstaufführung im Wiener Stadttheater am 8. September 1881)
Zabel, Eugen: Henrik Ibsen. Ein literarisches Portrait. In: Unsere Zeit. Deutsche Revue der Gegenwart, hg. von *Rudolf von Gottschall.* 1881, 1, S. 513-531 (u. a. über »Nora«)
ders.: [...]. In: National-Zeitung (Berlin) vom 29. 4. 1892

5.5 Auswahlbibliographie

Albrecht, H.: Frauencharaktere in Ibsens Dramen. Leipzig 1906
Andreas-Salomé, Lou: Henrik Ibsens Frauengestalten. Berlin 1892
dies.: Henrik Ibsens Frauengestalten. Nach seinen sechs Familiendramen: Ein Puppenheim [...]. Jena 1893, ^{2}1906, ^{3}1910, ^{4}1925
dies.: Der Mensch als Weib. DNR 1899
[Anonym]: – Henrik Ibsen's Dramatik. In: Literatur, Bd. 40, Stuttgart 1938, S. 578
– Nochmals Ibsen's Nora. In: ebd, Bd. 41, 1938, S. 67
[Anonym]: Ibsens »Nora« heute noch? In: Theater der Zeit, Heft 2, 1953, S. 11-13
[Anonym]: Plädoyer für Nora. »Puppenheim« – ein Problem aus der Zeit unserer Grosseltern? In: Koralle, Bd. 11, 1943 (Berlin), S. 470
Arpe, Verner (Hg. u. Übersetzer): Henrik Ibsen 1-2. München 1972 (Dichter über ihre Dichtungen 10)
Bänsch, Dieter: Naturalismus und Frauenbewegung. In: *Helmut Scheuer* (Hg.), Naturalismus. Bürgerliche Dichtung und soziales Engagement. Stuttgart 1974, S. 122-149

Bahr, Hermann: Zur Überwindung des Naturalismus. Theoretische Schriften 1887-1904. Ausgewählt von *Gotthart Wunberg.* Stuttgart 1968 (über Ibsen S. 3-21)
Baumgart, Reinhard: Vereinfachung auf das Wesentliche. In: Theater heute, Heft 7, 1972, S. 31 f. (zur Inszenierung von Neuenfels)
Becker, Peter von: Ibsen-Aufführungen in München und Zürich. In: Theater heute, Heft 12, 1979, S. 38-49
Benesch, Kurt: Ibsen im Wiener Theater. Diss. Wien 1950
Berendsohn, Walter: Henrik Ibsen und die deutsche Geisteswelt. In: Deutsch-Nordisches Jahrbuch 9, 1928, S. 1-14
Bernhardt, Rüdiger: Die Herausbildung des naturalistischen deutschen Dramas bis 1890 und der Einfluss Henrik Ibsens. Diss. Halle/S. 1968
Besant, W.: Nora. Und was aus dem Puppenheim ward. Hamburg 1891
Bien, Horst: Henrik Ibsens Realismus. Zur Genesis und Methode des klassischen kritisch-realistischen Dramas. Berlin 1970 (Neue Beiträge zur Literaturwissenschaft, Bd. 29, 1970)
Binswanger, L.: Henrik Ibsen und das Problem der Selbstrealisation in der Kunst. Heidelberg 1949
Bistram, O. von: Ibsens Nora und die wahre Emanzipation der Frau. Wiesbaden 1900
Björnstad-Herzog, Anneliese: Henrik Ibsens Bühnenkunst. Studien zu seinem Dramenbau. Phil. Diss. Zürich 1974
Bolz, Klaus-Dieter: Die Bühnengestalten Henrik Ibsens im Licht der Psychiatrie. Eine kritische Untersuchung der psychiatrischen Kommentare zu Ibsens abnormen Charakteren. Diss. Würzburg 1970
Bonwit, Marianne: Effi Briest und ihre Vorgängerinnen Emma Bovary und Nora Helmer. In: Monatshefte für deutschen Unterricht, deutsche Sprache und Literatur, Bd. 40, 1948, S. 445-456
Bosse, Heinrich: Symbolische Makronen: Zum Status der literaturwissenschaftlichen Interpretation (an einem Beispiel aus Ibsens »Nora«). In: Zeitschrift für Literaturwissenschaft und Linguistik 12, 1973, S. 7-35
Buttner, Ludwig u. a.: Das europäische Drama von Ibsen bis Zuckmayer: Dargestellt an Einzelinterpretationen. Frankfurt 1960
Dosenheimer, Elise: Die Bedeutung der Frau im Drama Ibsens. In: Lehrerinnen-Zeitung 19, München 1928, S. 84
dies.: Ibsens Tat für die Frau. In: Die neue Generation 24, 1928, S. 110
Dumont, Louise: Henrik Ibsens Frauengestalten. In: Preußische Jahrbücher, Bd. 2, 1928, S. 301-318
Dzulko, Ruth: Ibsen und die deutsche Bühne. Habilitationsschrift Jena 1952 (masch.)
Eisner, Kurt: Professor Rubeks Puppenheim. In: Socialistische Monatshefte 4, Berlin 1900, S. 24-30
Eller, William Henri: Ibsen in Germany 1870-1900. Boston 1918
Ernst, Paul: Ibsen-Aufführung in Weimar. In: Das festliche Haus. Köln 1955, S. 32-39
Faktor, Emil: Henrik Ibsen zum 20. 3. 1928. In: Blätter der Württembergischen Volksbühne 11, Stuttgart 1929, S. 1-3
Fassbänder, Fr.: Nora oder Ein Puppenheim. Hermann Sudermann, Die Ehre. Gerhart Hauptmann, Die versunkene Glocke. Literarische Würdigung dreier neuer Dramen. München 1915
Fassbinder, Rainer Werner. Reihe Film 2. München, Wien ⁴1983, S. 269
Fontana, O. M.: Gespräch über Ibsen. In: Volksbühne 3, Nr. 6, Berlin 1929

Frenzel, Herbert A.: Ibsens ›Puppenheim‹ in Deutschland. Die Geschichte einer literarischen Sensation. Phil. Diss. Berlin 1942 (masch.)

Friese, Wilhelm: Ibsen auf der deutschen Bühne. Texte zur Rezeption. Tübingen 1976

George, David E. R.: Henrik Ibsen in Deutschland. Rezeption und Revision. Göttingen 1968

Giesing, Michaela: ›Ibsens Nora und die wahre Emanzipation der Frau‹. Zum Frauenbild im wilhelminischen Theater. Frankfurt a. M., Bern, New York 1984

Gran, Gerhard: Henrik Ibsen. Der Mann und sein Werk. Leipzig 1928

Haakonsen, Daniel: Das Tarantella-Motiv in ›Ein Puppenheim‹. In: *Fritz Paul* (Hg.), Henrik Ibsen. Darmstadt 1977, S. 197-211 (urspr.: Tarantella- motivet: »Et Dukkehjem«. In: Edda 48, 1948, S. 263-275)

Hachmann-Zipser: Erinnerungen an Henrik Ibsen. In: Erato. Ein Kalender für Damen, 1947, S. 111

Hadamczik, Dieter/ Jochen Schmidt/ Werner Schulze-Reimpell: Was spielten die Theater? Bilanz der Spielpläne in der Bundesrepublik Deutschland 1947-1975. Köln 1978

Heistrüvers, Hans-Dieter: Bild und Rolle der Frau in unserer patriarchalischen Gesellschaft behandelt am Beispiel einer soziologischen Interpretation von Ibsens Schauspiel »Nora oder Ein Puppenheim«. In: Der Deutschunterricht 24, 1972, S. 94-118

Henrichs, Helmut: Warum heute noch Ibsen? In: Blätter des Deutschen Theaters in Göttingen, Heft 19, 1951-52

Holl, F.: Sollen wir heute noch Ibsen spielen? In: Deutsches Theater am Rhein. Düsseldorf 1930, S. 39

Host, Else: Nora. In: Edda 46, 1946, S. 13-28 (abgedruckt in: *Fritz Paul* [Hg.], Henrik Ibsen. Darmstadt 1977, S. 180-196)

Iden, Peter: Verengung. In: Theater heute, Heft 7, 1972, S. 34 f. (zur Neuenfels-Inszenierung)

ders.: Ibsens Dramen in exaltierten Zuständen. Hans Neuenfels inszeniert »Nora« und »Hedda Gabler« in Frankfurt. In: Theater heute, Heft 3, 1973, S. 12-17

Jessner, Leopold: Henrik Ibsen vom Standpunkt der Bühnen-Darstellung. In: Die Scene, 1928, S. 98

Kahane, A.: Ibsen und wir. In: Blätter der Württembergischen Volksbühne, Bd. 11, 1929, S. 7

Keller, Werner: Gewissen und analytische Form in Ibsens Gesellschaftsdrama. In: *Ulrich Gaier, Werner Volke* (Hg.), Festschrift für Friedrich Beissner. Bebenhausen 1974, S. 180-196

Kienzl, F.: Ibsen, Björnson – Hamsun auf deutschen Bühnen. In: Deutsche Monatshefte in Norwegen, Bd. 3, Nr. 10, 1942, S. 19

Kindermann, Heinz: Theatergeschichte Europas, Bd. 8: Naturalismus und Impressionismus, Teil 1. Deutschland, Österreich, Schweiz. Salzburg 1968

ders.: Ibsen heute: Im Spiegel ausgewählter Programmhefte. In: Maske und Kothurn 24, 1978, S. 165-78

Kott, Jan: Ibsen – neu gelesen. In: Theater heute, Heft 12, 1979, S. 34-37

Kruntorad, Paul: Was geschah, als Elfriede Jelinek Ibsen verließ: Uraufführung einer »Nora«-Projektion in Graz. In: Theater heute, Heft 11, 1979, S. 63

Kuhn, Margot: Ibsens »Nora oder Ein Puppenheim« auf den Wiener Bühnen. Diss. Wien 1970

dies.: Ibsens ›Nora‹ auf den Wiener Bühnen (1881-1971): Kritiken. In: Maske und Kothurn 24, 1978, S. 95-135

Landau, I.: Henrik Ibsen. In: Die deutsche Bühne 20, 1928, S. 57-62
Laserstein, Käte: Henrik Ibsen. In: Freie deutsche Bühne, Bd. 10, 1928, S. 180
Lebede, H.: Ibsen auf Berliner Bühnen. In: Die deutsche Bühne, Bd. 23, 1931, S. 134-147
Lexikon des Internationalen Films. Reinbek bei Hamburg 1987
Lind, Emil: Ibsen und die deutsche Bühne. In: Der neue Weg 57, 1928
Löwenthal, L.: Das Individuum in der individualistischen Gesellschaft. Bemerkung über Ibsen. In: Zeitschrift für Sozialforschung, Bd. 5, 1936, S. 321-363
Mehler, H.: Was kann uns heute Ibsen sein? In: Volksbühne 2, 1948, Nr. 3/4, S. 14-16
Merschmeier, Michael: . . . Wunder dauern etwas länger. Volker Canaris begann seine Intendanz am Düsseldorfer Schauspielhaus mit Aischylos' »Persern«, Peter Barnes' »Roten Nasen«, Ibsens »Nora« und Harald Muellers »Totenfloß«. In: Theater heute, Heft 12, 1986, S. 23 ff.
Meyer, Hans Georg: Henrik Ibsen. Velber bei Hannover 1967
Michaelis, Rolf: Zwei Ausflüge ins Puppenheim. Ibsens »Nora« – in Berlin von Rudolf Noelte, in Hamburg von Nicolas Brieger inszeniert. In: Theater heute, Heft 5, 1977, S. 6-10
Möhring, Paul: Ibsen auf Hamburger Bühnen. In: Die Volksbühne 3, Heft 8, 1953, S. 132-33
Mühsam, Erich: Ibsens Nora. In: Weltbühne 26, 1930, S. 832
Müller, Paul: Ibsens Dramen. Eine Einführung in ihre Gedankenwelt. Dresden 1930
Niemann-Raabe, Hedwig, in: Das litterarisches Echo 1899/1900, 2. Jg, S. 970
Oberholzer, Otto: Henrik Ibsen auf dem Theater und in der Forschung 1970-1975. In: Contemporary Approaches to Ibsen, 3, 1977, S. 27 ff.
Oelsner, A.: Ibsens »Nora« im Deutschunterricht der Oberprima. In: Lehrproben und Lehrgänge 46, 1931, S. 269-278
Ogilvie, D.: Von Ibsens »Nora« zu Shaws »Candida«. Ein Stück Entwicklung der Frauenfrage. In: Christengemeinschaft, Bd. 7, 1930, S. 7-11
Plothow, Anna: Ibsen und die Frauen. In: Versöhnung 1898/99, S. 14 ff.
Reclams deutsches Filmlexikon. Stuttgart 1984
Reich, Emil: Henrik Ibsens Dramen. Dresden ^{5}1906
Rieger, Gerd Enno: Madame Bovary und Nora. In: Edda 75, 1975, S. 17-27
ders.: Noras Rollenengagement. In: Orbis litterarum 32, 1977, S. 56-73
ders.: Henrik Ibsen in Selbstzeugnissen und Bilddokumenten. Reinbek 1981
Rinsum, Wolfgang van: Charlotte Stieglitz, das Junge Deutschland und Ibsen. Diss. Marburg 1949
Rosenthal, F.: Dramatiker Henrik Ibsen. In: Volksbühne, Bd. 6, 1931, S. 462
Rühle, Günther: Zurück in die Kunst – aber wie? In: Theater heute, (Sonder-)Heft 13, 1977, S. 120-127 (S. 123 f.: »Die Ibsen-Debatte«)
Schmidt, C.: Nora oder Ein Puppenheim. Schauspiel in drei Aufzügen von Henrik Ibsen. Berlin 1909 (Die Volksbühne. Eine Sammlung von Einführungen in Dramen und Opern 2)
Schödel, Helmut: Ohne Chancen? Ibsens »Nora« in Nürnberg. In: Theater heute, Heft 12, 1977, S. 58
Stamnitz, M. E.: Hat Henrik Ibsen uns noch etwas zu sagen? In: Theaterblätter. Freiburg 1931, S. 269
Stecher, R.: Erläuterungen zu Henrik Ibsens »Nora oder Ein Puppenheim«. Leipzig 1926 (Dr. Wilhelm Königs Erläuterungen zu den Klassikern, Bd. 177)
Sternberger, Dolf: Figuren der Fabel. Berlin 1950 (S. 106-110: »Die erwachende Puppe«)

Strecker, K.: Henrik Ibsen und seine besten Bühnenwerke. Eine Einführung. Berlin 1921 (Schneiders Bühnenführer)
Stuyver, Clara: Ibsens dramatische Gestalten. Psychologie und Symbolik. Amsterdam: North Holland Publ. Co. 1952
Szondi, Peter: Theorie des modernen Dramas. Frankfurt a. M. 1956, S. 18-27
Tacke, Otto: Fachschriftenverzeichnis Henrik Ibsen. Stettin 1928
Tanneberger, Irmgard: Ibsens Gestaltung der Frau. In: Baden-Badener Bühnen, Bd. 8, 1928, S. 33 f.
Thalmann, Marianne: Henrik Ibsen, ein Erlebnis der Deutschen. Marburg 1928
Vitmann, Hans: Die ersten Ibsenaufführungen in Holland. In: Maske und Kothurn X, 1964, S. 611-616
Walzel, Otto: Der tragische Ibsen. In: Blätter des Deutschen Theaters in Göttingen, Heft 19, 1951-52
Wendt, Ernst: Die Form ist die »Botschaft« Peter Zadek inszeniert Ibsen in Bremen, Molière in Stuttgart. In: Theater heute, 5. 5. 1967, S. 29 f.
Winzer, Klaus D./ Erwin Reiche: Ibsen. In: Theater der Zeit 8, Hefte 9 u. 12, Berlin 1953, S. 33-34 u. S. 12-13
Wulffen, E.: Ibsens »Nora« vor dem Strafrichter und Psychiater. Halle 1907
ders.: Die Frau vom Meere und Nora. In: Daheim 25, 1911, S. 408
Zimmermann, W.: Norwegen in Deutschland. Henrik Ibsen und Edvard Grieg. In: Volksbühnenwarte 26, Berlin 1940, S. 4

Bildnachweis:

S. 4:	Aus: Olaf Gulbransson, Berühmte Zeitgenossen. München: Albert Langen 1905, S. 16
S. 67:	– Hedwig Niemann-Raabe, im Tarantella-Kostüm (Kiel, Flensburg, Hamburg, Berlin 1880). Institut für Theaterwissenschaften der Universität Köln.
	– Marie Conrad-Ramlo. Aufnahme von Friedr. Müller, Hofphotograph, München. Institut für Theaterwissenschaften der Universität Köln.
	– Eleonora Duse, Tournee ab 1891. Aus: Maurice Gravier, Ibsen. Paris 1973.
	– Agnes Sorma. Aus: Agnes Sorma. Ein Gedenkbuch. Zeugnisse ihres Lebens und ihrer Kunst zusammengestellt von Julius Bab. Heidelberg: Niels Kampmann Verlag 1927.
S. 72	oben: Uraufführung, Det Kongelige Theater, Kopenhagen, 21. 12. 1879, Die Tarantella-Szene. Universitätsbibliothek Oslo.
S. 72	unten und S. 73 oben: Frankfurt 1972. Fotos: Mara Eggert, Frankfurt
S. 73	unten: Berlin 1976. Foto: Ilse Buns, Berlin
S. 78:	Aus: Helga Bemmann, Berliner Musenkinder-Memoiren. Berlin: Lied der Zeit 1981, S. 35.
S 87-89:	Aus: Cinzia Ghigliano, Nora. Comic-Schauspiel nach Henrik Ibsen. München: Verlag Schreiber & Leser 1981, S. 6 f., S. 60-63.

GRUNDLAGEN UND GEDANKEN

Drama

Interpretationshilfen

Herausgegeben von Hans-Gert Roloff.

Brecht, Der aufhaltsame Aufstieg des Arturo Ui. (D. Thiele)	(6098)
Brecht, Die Dreigroschenoper. (D. Wöhrle)	(6097)
Brecht, Der gute Mensch von Sezuan. (J. Knopf)	(6088)
Brecht, Das Leben des Galilei. (H. Knust)	(6084)
Brecht, Mutter Courage und ihre Kinder. (D. Thiele)	(6089)
Büchner, Woyzeck. (H. Ritscher)	(6393)
Dürrenmatt, Der Besuch der alten Dame. (S. Mayer)	(6080)
Dürrenmatt, Die Physiker. (G. P. Knapp)	(6079)
Frisch, Andorra. (G. P. und M. Knapp)	(6071)
Frisch, Biedermann und die Brandstifter. (G. Jordan)	(6085)
Goethe, Faust I. (H. Kobligk)	(6360)
Goethe, Faust II. (H. Kobligk)	(6358)
Goethe, Iphigenie auf Tauris. (G. Holst)	(6467)
Ibsen, Nora oder Ein Puppenheim. (D. Bänsch)	(6066)
Lessing, Nathan der Weise. (D. Arendt)	(6380)
Schiller, Kabale und Liebe. (H. P. Herrmann und M. Herrmann)	(6398)
Schiller, Maria Stuart. (H. P. Herrmann und M. Herrmann)	(6469)
Schiller, Die Räuber. (W. Große)	(6468)
Shakespeare, Hamlet. (W. Rudorff)	(6386)
Shakespeare, Macbeth. (W. Rudorff)	(6385)
Sophokles, Antigone. (N. Zink)	(6383)
Sophokles, König Ödipus. (N. Zink)	(6384)
Wedekind, Frühlings Erwachen. (G. Pickerodt)	(6068)
Zuckmayer, Der Hauptmann von Köpenick. (S. Mews)	(6363)